WARUM CHILIS SCHARF MACHEN

Désirée Wüschner

Warum Chilis scharf machen

Die geheimnisvollen Kräfte von Obst, Gemüse und Kräutern

AT Verlag

INHALTSVERZEICHNIS

AT Verlag, Baden und München
Umschlagbilder: Bildagentur Baumann,
Würenlingen, und Ernst Fretz, Küttigen
Fotos Inhalt: Ernst Fretz, Küttigen
Lithos: AZ Print, Aarau
Druck und Bindearbeiten: Westermann, Zwickau
Printed in Germany

ISBN 3-85502-858-3

www.at-verlag.ch

VORWORT

Natürlich wissen Sie, dass Obst und Gemüse gesund sind. In einer Zeit des Gesundheitskults und Fitnesswahns werden Sie fast täglich mit Informationen über Vitamingehalte, richtige Ernährung, Cholesterinsenkung und natürliche Stärkungsmittel bombardiert. Aber wussten Sie auch, dass all das gesunde Grünzeug und die bekannten Vitaminprotze noch weit mehr können und wahre Zauberkünstler für jede Lebenslage sind? Wie wäre es etwa mit einer Tomatenconsommé, die die Libido stärkt? Einem Dessert, das für die Präsentation am folgenden Tag die Redegewandtheit fördert? Genau das ist nämlich die neue Dimension des Kochens, die dieses Buch eröffnet.

Leicht verständlich, anschaulich und wissenschaftlich fundiert zeigt dieses Buch, dass in unseren alltäglichen Nahrungsmitteln wie Obst und Gemüse ungeahnte Kräfte stecken, die nachhaltig auf Körper, Geist und Seele wirken. Dabei geht es vorrangig um die Pflanzenkräfte, die Geist und Psyche hochwirksam beeinflussen. Diese können – werden sie gezielt eingesetzt – in den Herausforderungen unseres Alltags zu fantastischen Helfern werden. Wollen Sie in einem Vorstellungsgespräch einen guten Eindruck hinterlassen, suchen Sie Trost für ein verängstigtes Kind, wünschen Sie sich konstruktivere Auseinandersetzungen mit dem Partner, brauchen Sie Mut und Durchsetzungsvermögen, um ein Ziel zu erreichen, oder geht es auch »nur« darum, aus Ihrem Gegenüber endlich die ersehnte Liebeserklärung hervorzulocken? Die Kräfte von Obst, Gemüse und Würzkräutern unterstützen Sie auf verblüffende Weise in jeder Lebenslage.

Damit Sie selbst einfach, unkompliziert und mit viel Spaß Ihre Küche zur raffinierten Waffenschmiede im Umgang mit den Herausforderungen des Alltags machen können, ist der Inhalt dieses Buches auf der so genannten Signaturlehre aufgebaut. Die Signaturlehre ist eine der ältesten und einfachsten Methoden, um Wirkungen und Kräfte von Pflanzen zu erkennen. Sie geht davon aus, dass Gestalt, Farbe, Geschmack, Duft usw. der jeweiligen Pflanze deutlich erkennbar anzeigen, was an Kräften in ihr steckt.

Sie müssen also nicht komplizierte Zusammensetzungen und lange Listen von Inhaltsstoffen auswendig lernen, um sich die Kräfte der Lebensmittel zunutze zu machen. Im Gegenteil, und das ist eine der Besonderheiten dieses Buches: Auf der Grundlage der ebenso unkomplizierten wie prägnanten Wissensvermittlung können Sie mit Hilfe der Signaturlehre und der vielen ausführlichen

Beispiele von Obst, Gemüse und Kräutern sofort loslegen und werden schnell vom »Zauberlehrling« zum eigenständigen Meister. Die hier vermittelten Grundprinzipien machen Sie unabhängig von den ausgewählten Beispielen und befähigen Sie spielend einfach zur Übertragung auf alle anderen Nahrungspflanzen. Dabei helfen auch die Übersichtstafeln am Ende des Buches, bei denen man auf einen Blick die entsprechenden Signaturen und ihre Bedeutung ebenso wie Obst, Gemüse, Kräuter und deren Wirkweisen nachschlagen kann.

Schließlich ersetzt nichts die Praxis und – dies sei hier nachdrücklich betont – man soll nichts einfach glauben, sondern erst selbst ausprobieren und sich dann ein Urteil bilden. Zu diesem Zweck enthält das Buch ein Kapitel mit zauberhaften Rezepten für die verschiedensten Anliegen, Probleme und Herausforderungen des Alltags.

Dieses Buch schafft damit den Spagat, tiefgründige und anspruchsvolle Zusammenhänge so aufzubereiten, dass der Inhalt jedem zugänglich ist und dazu noch richtig Spaß macht.

ERSTE HILFE AUS TOPF UND PFANNE

Warum Kochen tatsächlich »magische« Kräfte hat

Kochen hat von jeher mit Alchimie zu tun, der uralten Vorläuferin der Chemie. Viele köstliche Gerichte muten in Geschmack und Abstimmung der Zutaten fast magisch an. Und nicht umsonst spricht man bei kreativen Könnern in der Küche – mit einem Augenzwinkern – von Magiern und Zauberinnen. Das Augenzwinkern ist aber völlig überflüssig, denn wenn Sie sich mit der psychischen und physischen Wirkungsweise von Nahrungsmitteln etwas auskennen, können Sie tatsächlich mit dem Kochen Zauber wirken.

Keine Angst, in diesem Buch geht es weder um geheimnisvolle Rituale, bei denen im Schein von Kerzenlicht gekocht wird, noch um Beschwörungen, die über unheimlich brodelnden Kesseln gemurmelt werden. Sie müssen sich nicht nackt in die Küche stellen und dabei auch keinen Blumenkranz um den Hals tragen. Dieses Buch vermittelt vielmehr ein tieferes Verständnis für die wunderbaren Kräfte der Natur, die auf wissenschaftlich absolut nachweisbaren Füßen stehen.

Schon in verschiedenen frühen Kulturen war die Zubereitung der Nahrung weit mehr als nur eine Notwendigkeit, um die Bedürfnisse des Körpers zu befriedigen oder um durch Geschmack und Abwechslung die Sinne auf angenehme Weise zu verwöhnen. Die Hüterin des heimischen Herds war auch gleichzeitig Heilerin, häusliche Priesterin und Therapeutin. Sie trug die Verantwortung für das körperliche und seelische Wohl der ihr Anvertrauten. Dazu musste sie die Geheimnisse der verschiedenen Tiere und Pflanzen kennen, mit denen man schützende, fördernde Mächte wohlgesonnen stimmen, negative Einflüsse abwenden und aktiv in das Wirken des Schicksals eingreifen konnte.

Die Hausfrau oder die Stammesälteste entschied, welche Kräuter und Gemüse angebaut wurden und mit welchen stimulierenden oder besänftigenden Pflanzen alltägliche Getränke wie etwa das Bier gebraut wurden. Denn schließlich oblag es ihr, den Stamm oder die dem Haus Angehörigen in sämtlichen Belangen, von bevorstehenden Kämpfen bis zu ehelichen Verbindungen, mit ihrem Wissen und Können zu unterstützen. Dazu wurden normalerweise nicht finstere Zaubertränke aus Krötenbein und Spinnenhirn gekocht, die dann klammheimlich ins Essen geträufelt wurden. Die Frauen schöpften ganz natürlich aus den mächtigen Wirkweisen der alltäglichen Nahrungsmittel, um zu trösten, zu ermuntern, zu beruhigen und anzufeuern. Die Hausfrau, die sich besonders gut auf diese Künste verstand, wurde hoch geachtet und verehrt.

In der heutigen Zeit müssen die Männer nicht mehr zwangsläufig durch ihre Körperkraft das Überleben der Ihren sichern und dies als Fulltimejob betreiben. So können sich jetzt auch Männer in den heiligen Küchenhallen dem machtvollen Wirken mit Hilfe von Früchten und Gemüsen widmen. Und, wie viele Spitzenköche seit Jahren zeigen, haben sie mit Einfallsreichtum und ausgeprägtem Geschmackssinn hervorragende Voraussetzungen dafür.

Aber wir leben auch in Zeiten, in denen wir uns durch Fortschritt und Technik ein Höchstmaß an Unabhängigkeit und Bequemlichkeit in Sachen Nahrung geschaffen haben: Zu allen Jahreszeiten gibt es eine ungeheure Vielfalt an Gemüse und Obst einfach im Supermarkt zu kaufen. Die Vernichtung gesamter Ernten durch Schädlinge, Pflanzenkrankheiten und Wetterkatastrophen wie Hagel, Dauerregen oder Frost konnte (bis vor kurzem) durch hochwirksame Pflanzenschutzgifte, Gewächshäuser und Kunstdünger weitgehend ausgeschaltet werden. Modernste Mastviehbetriebe machen ausgedehnte Weideflächen überflüssig, und pharmazeutische Kunstprodukte ersetzen die mühsame Ernte und Zubereitung von Heilkräutern. Dass Treibhausnahrung fast kein Aroma mehr besitzt und die kunstgedüngten, ohne Naturlicht aufgewachsenen Küchenkräuter nur noch wenig Würzkraft haben, stört nicht, denn die Lebensmittelindustrie hat auch hier eine preiswerte, effektive Lösung gefunden: Aromastoffe. Ob Gewürzgurken, pikante Bratkartoffeln aus der Gefriertruhe oder herzhafte Rollmöpse – in nahezu allen Fertignahrungsmitteln sorgen chemisch hergestellte Aromen für fast jede erdenkliche Geschmacksrichtung. Es ist ungemein praktisch und für alle zeitsparend, dass die Hersteller für eine Zwiebelsuppe gar keine Zwiebeln mehr benötigen und der Verbraucher nur schnell ein aromatisiertes Pulver anrühren muss. Auch für den köstlichen Fruchtgeschmack im Joghurt sind wir nicht mehr auf die Gunst der Obsternte oder teure Importware angewiesen: Der kommt überwiegend von »natürlichen Aromen«, die übrigens zum Beispiel aus gekochten Hobelspänen oder gewissen Schimmelpilzen gewonnen werden.

Abgesehen von den gesundheitsschädlichen Wirkungen der hochgiftigen Pflanzenschutzmittel, der Wachstumshormone und chemischen Zusätze in Futtermitteln und den unerforschten Nebenwirkungen der Aromastoffe ist es wirklich ein Wunder an Fortschritt, dass wir unsere Nahrungsversorgung so praktisch, für fast alle erschwinglich und unabhängig von den Launen und Anforderungen der Natur gemacht haben. Doch mit der Veränderung oder dem Verzicht auf die naturgegebene Qualität in Zusammensetzung, Wirkung und Zusammenspiel unserer Nahrungsmittel geben wir gleichzeitig auch viel Macht aus der Hand. Zum einen haben wir keine Kontrolle mehr darüber, was wir tatsächlich zu uns nehmen. Zum anderen berauben wir uns im wahrsten Sinn des Wortes der Zauberkraft der Nahrung. Das bedeutet, wir verzichten auf die Möglichkeit, unseren Körper und unsere Seele bei sämtlichen Herausforderungen des Lebens hoch wirksam einfach durch Essen zu unterstützen. Denn: Obst, Gemüse, Kräuter und Gewürze wirken allesamt auf zwei Ebenen.

- Mit ihrer jeweils einzigartigen Komposition von Vitaminen, Mineralien und Nährstoffen unterstützen sie uns auf physischer Ebene und aktivieren hier ganz gezielt bestimmte Körperfunktionen, von Nervenberuhigung über Leistungssteigerung bis hin zum Abbau von Stresshormonen.
- Zusätzlich besitzt jede Pflanze – also auch alle Nahrungspflanzen wie Früchte, Gemüse und Würzkräuter – ganz erstaunliche Eigenschaften, die auf unsere Seele und unseren Geist wirken. So können zum Beispiel Pflaumen Unsicherheit und Ängste lösen. Kürbis tröstet und schenkt Ihnen das Gefühl von Geborgenheit, Bananen öffnen und regen zum Gespräch an, Tomaten stärken die Willenskraft – und für den Mut, neue Ziele und Herausforderungen anzugehen, sorgt ein so unscheinbares Pflänzchen wie die Petersilie.

Setzen Sie nun die Kombination von körperlicher und seelischer Wirkkraft bei Ihren alltäglichen Nahrungsmitteln gezielt ein, fehlen zur magischen Verbindung nur noch delikate Rezepte und ein zauberhafter Schwung des Kochlöffels.

Sie werden bald feststellen, wie hilfreich Ihre neue Küchenmagie im Alltag ist! Hatte Ihre Freundin Stress im Büro und deshalb keine Lust, wie vereinbart ins Kino zu gehen? Seien Sie nicht enttäuscht und machen Sie ihr keine Vorwürfe. Im Gegenteil, servieren Sie einen kleinen Imbiss aus Ihrer »Hexenküche« und hören Sie sich die neuesten Gemeinheiten des Chefs mitfühlend an – wahrscheinlich wird dann doch noch etwas aus dem Kinoabend. Ihr Sohn steht vor einer Prüfung und kann sich vor lauter Prüfungsangst nichts merken? Helfen Sie ihm mit Ihrem Vertrauen in seine Fähigkeiten und mit Power-Food für Kopfarbeiter! Gegen dicke Luft in der Familie kann man ankochen, ein konstruktives Gespräch mit den entsprechenden Getränken fördern oder romantische Gefühle mit einer süßen Dessertverführung hervorlocken. Sogar den guten Eindruck, den Sie bei Ihrem Vorstellungsgespräch machen wollen, können Sie auf »magische Weise«

unterstützen. Ihre Möglichkeiten, verschiedenen Lebenssituationen im wahrsten Sinn des Wortes mit dem Kochlöffel zu Leibe zu rücken, sind fast unbegrenzt.

Die Kräfte der Pflanzen sind wirkungsvolle Helfer, aber sie sind kein Ersatz für Verständnis, Liebe, guten Willen und Fähigkeiten. Sie können sich pfundweise mit willensstärkendem Tomatensalat vollstopfen, um in der nächsten Gehaltsdiskussion die Oberhand zu behalten – wenn Sie in Ihrem Job nicht gut gearbeitet haben, nützt das gar nichts. Und das raffinierteste Menü wird Ihnen nicht die ersehnte Liebeserklärung bringen, wenn Ihr Gegenüber keine Gefühle solcher Art für Sie hegt. Pflanzen unterstützen immer nur das Potenzial, das vorhanden ist – aber vielleicht gelingt es Ihnen, mit so manchem Rezept auch Seiten und Fähigkeiten zu wecken, die bisher in Ihnen geschlummert haben ...

ZAUBERN IST KEINE HEXEREI

Zauber ist nichts anderes als das Wissen um Kräfte und Eigenschaften und ihr bewusster Einsatz

Vielleicht haben Sie als Kind einmal das Buch »Catweazle« gelesen. In dieser zauberhaften Geschichte wird ein Zauberer namens Catweazle durch eine von ihm verpatzte Hexerei aus dem Mittelalter in die Jetztzeit versetzt, und zwar in die moderne Scheune eines Farmers, dessen kleiner Sohn dort mit ihm Freundschaft schließt. Catweazle ist bald überzeugt, dass der Zehnjährige der größte Hexenmeister aller Zeiten ist, denn er kann mit einem Fingerdruck den Raum in hellem Licht erstrahlen lassen, aus eigenartigen Röhren schießt auf seinen Befehl hin Wasser in ein Becken, und auf der Wiese reißen mächtige eiserne Wesen brüllend die Erde auf.

Früher so unglaublich wie undenkbar, sind für uns heute unsichtbare Phänomene wie Elektrizität, Radiowellen und magnetische Schwingungen völlig normal. Und nicht einmal die Wissenschaft selbst ist so vermessen, unseren jetzigen Stand der Forschung als Endpunkt anzusehen. Im Gegenteil: Täglich werden mehr Geheimnisse der Natur enthüllt und vom Menschen zu nutzen gelernt. Der renommierte Wissenschaftler und Forscher Frank Dorland sagt dazu: »Die Wahrnehmungsfähigkeit des durchschnittlichen Menschen beschränkt sich bislang auf schätzungsweise weniger als zwei Prozent des bekannten Wellenspektrums.

Das heißt, dass die meisten von uns über 98 Prozent der Dinge, die uns jederzeit umgeben, nicht bemerken.« Und er führt weiter aus: »Der Körper mit seinem komplexen elektrischen und chemischen Netz aus Nerven und hohem Feuchtigkeitsgehalt ist [nicht nur] die Kraftquelle [und der Sender, sondern auch] eine sensible Antenne, die Signale aus ungezählten Quellen empfangen kann.«

Hätte noch vor nur fünfzig Jahren ein Wissenschaftler behauptet, dass Pflanzen miteinander kommunizieren, wäre sein Ruf und seine Anerkennung als ernst zu nehmender, seriöser Forscher sofort dahin gewesen. Man hätte sich nicht einmal die Mühe gemacht, seine Beweise in der Luft zu zerreißen – man hätte ihn ob so einer absurden Theorie ganz einfach ausgelacht. 1983 machten die Wissenschaftler Dr. David Rhoades und Dr. Gordon Orians aus Seattle folgenden Versuch: Von zwei Gruppen von Bäumen, die in einer solchen Distanz zueinander standen, dass die Wurzeln der A-Gruppe nicht mit jenen der B-Gruppe in Berührung kommen konnten, untersuchten sie die chemische Zusammensetzung der Blätter. Dann setzten sie auf der Baumgruppe A mehrere hundert besonders gefräßige Raupen aus. Die Laborbefunde zeigten, dass die Blätter sofort mit einer »Abwehrwaffe« reagierten: Die Bäume veränderten die chemische Zusammensetzung ihrer Blätter dergestalt, dass sie weniger bekömmlich und nahrhaft waren. Den Raupen verging der Appetit. Das Erstaunliche jedoch war, dass die Bäume der Gruppe B, die gar nicht von Raupen befallen waren, die gleiche Veränderung zeigten. Es musste sie also eine Art »Warnruf« von der geschädigten Baumgruppe erreicht haben. Nach jahrelangen Studien führt man dieses Phänomen heute auf den Austausch chemischer Informationen zurück, und inzwischen beschäftigt sich die Forschung intensiv mit der Pflanzenkommunikation. Schamanen und indianische Medizinmänner nutzen dieses als Sensation der Moderne beklatschte Wissen bereits seit Jahrhunderten ...

Was man als Zauberei und Magie betrachtet, hat also damit zu tun, was auf Grund des individuellen oder gesellschaftlich akzeptierten Wissensstandes für möglich beziehungsweise vorstellbar gehalten wird. Die Weite dieses Wissenshorizonts schwankte durch alle Zeiten und Kulturen hindurch beträchtlich und war sowohl politischen als auch religiösen Einflüssen unterworfen. Wissen aller Disziplinen wurde immer wieder verschüttet, vergessen und verboten, aber ebenso oft wiederentdeckt.

Eine der ältesten Wissenschaften gilt den Eigenschaften und Kräften der Pflanzen. Schon vor Tausenden von Jahren verwendeten Menschen Wurzeln, Beeren und Kräuter zu rituellen Zwecken.

Schamanen, weise Frauen, Hebammen, Mönche und Nonnen, Ärzte, Pfarrer und Wissenschaftler – sie alle entdeck(t)en in ihrer intensiven Beschäftigung mit Pflanzen, dass deren Nutzen sich nicht in der Erhaltung beziehungsweise Wiederherstellung der körperlichen Gesundheit erschöpft.

Die Liebestränke der so genannten Dorfhexen früherer Zeiten hatten nicht zum Ziel, die Rat und Hilfe Suchenden über Nacht in unwiderstehliche Schönheiten zu verwandeln. Die Wirkung sollte sich vielmehr auf energetischer Ebene, in einer unsichtbaren und unerklärlichen Anziehungskraft ausdrücken. Ebenso vermag kein Labor in den berühmten Blütenessenzen von Dr. Edward Bach irgendeinen Heilstoff nachzuweisen oder die starke seelisch-geistige Wirkung von homöopathischen Mitteln in 30 000-facher Verdünnung chemisch zu erklären. Für die sich dennoch manifestierenden Wirkungen brechen schon lange die Physiker eine Lanze, die in jeglichem Sein das sichtbare und unsichtbare Wirken von Energieschwingungen verschiedenster Art erkannt haben, allen voran Albert Einstein. Auch Arthur Eddington äußerte sich bereits Anfang des 20. Jahrhunderts ausführlich dazu, dass »der Stoff der Welt Geist-Stoff ist«.

Dass Kräuter, Mineralien und gewisse Tiere wie Bienen und Ameisen nicht nur unserem Körper, sondern auch Seele und Geist hilfreich zur Seite stehen, ist für viele seit der breiten Anerkennung der Homöopathie keine Glaubensfrage mehr. Trotzdem wird das Wissen um diese fantastischen Wirkungen meist nur in die medizinische Ecke gestellt. Selbst überzeugten Anhängern der Pflanzenenergie liegt der Gedanke fern, dass wir uns tagtäglich der pflanzlichen Helfer mit ihren erstaunlichen psychotherapeutischen Fähigkeiten bedienen, sie mischen, aufbereiten, alchimistisch verwandeln und einnehmen – und zwar in Form von köstlichen Gerichten aus Gemüse, Obst und Gewürzen.

Wer denkt bei dem Wort »Küche« schon an eine perfekte Zauberwerkstatt, in der man eine ganz natürliche Magie in den Alltag bringen kann?

Ich hoffe, Sie ... wenn Sie dieses Buch zu Ende gelesen haben!

ERKENNEN STATT LERNEN

Die ganz andere Art, Pflanzengeheimnisse zu lüften

Um die psychische Wirkung von pflanzlichen Nahrungsmitteln zu erkennen und mit ihr zu arbeiten, brauchen Sie keine ellenlangen Listen von Inhaltsstoffen und chemischen Reaktionen auswendig zu lernen. Denn hier geht es hauptsächlich um die so genannte Signaturlehre, deren bedeutendster Vertreter der berühmte Salzburger Forscher und Arzt Paracelsus war. Nach der Signaturlehre zeigen uns die Pflanzen selbst anhand von Farbe, Form, Geruch und Geschmack, welche Kräfte in ihnen stecken.

Nehmen Sie zum Beispiel die Tomate: Im Volksmund wird sie nicht umsonst auch »Liebesapfel« genannt. Die leuchtend rote Farbe ist Kennzeichen für das Herzzentrum, den Gefühlsbereich, also Zuneigung, Liebe, Leidenschaft. Die runde Form steht für das Weibliche. Viele Samen/Kerne deuten auf hohe Fruchtbarkeit hin und damit auch auf ihre Eigenschaft, die sexuelle Leidenschaft zu fördern. Allein durch das Aussehen der Tomate können Sie bereits auf den »Liebesapfel«, also auf ein Aphrodisiakum schließen. Konkret bedeutet das für Sie: Wollen Sie Ihren (potenziellen) Partner auf eine Liebesnacht einstellen, darf in Ihrem Zaubermenü die Tomate auf keinen Fall fehlen. (Mehr zur Wirkung der Tomate auf Seite 31.)

Das ist natürlich ein ganz oberflächlich betrachtetes Beispiel; später werden Sie sehen, welche Unterschiede intensivere Betrachtungsweisen offenbaren, doch das Grundprinzip ist immer gleich und wird auch nicht komplizierter. Die Signaturlehre ist im Wesentlichen eine denkbar einfache und effektive Methode. Es ist die Sprache der Pflanzen, die über all unsere Sinne mit uns kommunizieren. Um sie zu verstehen, müssen wir lediglich unsere Sinne schärfen, sie wieder sensibler und wachsamer machen und auch unserem sechsten Sinn, der Intuition, Raum für neue Erfahrungen geben.

Die Signaturlehre wirkt auf den ersten Blick fast ein wenig banal und mag an Kinderspiele erinnern – aber gerade dies macht sie so wertvoll, denn alles Große ist einfach. Übereinstimmungen mit Volksweisheiten und Kinderreimen kommen nicht von ungefähr, sondern stammen aus altem Wissen und über Generationen überlieferten Traditionen. Und nicht zuletzt hält die Signaturlehre auch der modernen wissenschaftlichen Überprüfung stand: Unsere heutigen Erkenntnisse über eine große Zahl von Inhaltsstoffen bestätigen diese Methode im Nachhinein.

Ergänzt wird die Signaturlehre durch die so genannte Erfahrungsheilkunde. Bestimmten Kennzeichen oder Pflanzen selbst werden Fähigkeiten zugeschrieben, die nicht ohne weiteres aus ihnen abzuleiten sind. Sie sind überliefert oder wurden einem Heil- und Pflanzenkundigen intuitiv geschenkt und haben sich in der Praxis bewährt. Hier müssen Sie dann eben doch im Buch nachschlagen; aber diese Wirkungen prägen sich mit der Zeit und mit mehrmaliger Anwendung von selbst ein.

Bei aller Faszination des psychischen Effekts der Pflanzenkräfte darf die Wirkung auf den Körper nicht außer Acht gelassen werden. Denn die physischen und psychischen Wirkweisen von Pflanzen greifen immer ineinander oder anders gesagt: Das eine bereitet den Weg für das andere. Wollen Sie zum Beispiel ein verängstigtes Kind für ein klärendes oder heilendes Gespräch öffnen, sollten Sie vor dem Gespräch einen Snack servieren, der nervenberuhigende und körperlich entspannende Wirkstoffe enthält. Diejenigen Elemente, die auf der psychischen Energieebene ein Gefühl von Geschütztsein erzeugen, den Menschen öffnen und die dunkle Angst aufhellen, können ihre volle Wirkung erst entfalten, nachdem der Körper beruhigt und besänftigt wurde. Nicht umsonst reagieren Mütter auf Herzeleid und Kummer jeglicher Art oft mit dem Satz »Jetzt iss erstmal was!«. Bei aller Intuition fehlt dabei allerdings oft das »Gewusst-Wie« – auch wenn die in die Zubereitung gesteckte Liebesenergie schon ein ganzes Stück weit trösten kann. Gemüse oder Früchte, die in uns Liebesgefühle und tiefe Leidenschaft fördern, enthalten auch Stoffe, die auf körperlicher Ebene das Herz kräftigen, auf die Hormone und die Drüsenaktivität einwirken oder/und die Potenz stärken. Und Pflanzen, die Geist und Kreativität beflügeln, verfügen auch über Inhaltsstoffe, die die Gehirnleistung erhöhen.

Für alle, die sich etwa beruflich mit Lebensmittel-Inhaltsstoffen beschäftigen oder an vertiefenden Studien interessiert sind, sind hier zu den verschiedenen Gemüse- und Obstsorten auch die wissenschaftlich erforschten Hauptbestandteile angegeben. Es ist nicht nur spannend, einen Einblick in die chemische »Hexenküche« unseres Körpers zu nehmen, sondern es gibt Ihnen vielleicht anfangs auch die Sicherheit, dass Sie sich – vor allem auf der Körperebene – auf wissenschaftlich fundiertem Boden befinden.

Mein Ziel ist es, Sie anhand dieses Buches in möglichst effizienter Weise zum selbständigen Handeln zu befähigen, so dass Sie mit dem hier vermittelten grundlegenden Wissen Ihren eigenen Fähigkeiten und Ihrer Intuition mehr Raum geben können.

Denn bei allen Anregungen, Erfahrungen und Erkenntnissen, die Ihnen dieses Buch vermittelt, gilt hier wie überall: Glauben Sie nichts einfach so! Probieren Sie es selbst aus, und verlassen Sie sich immer nur auf Ihr eigenes Urteil.

FARBENZAUBER

Farben sind das Licht des Lebens

Ein Teller, auf dem ein Gericht in schönen, intensiven Farben angerichtet ist, verstärkt unseren Appetit gleich nochmal. Gemeinhin läuft dies unter dem Motto »Das Auge isst mit«. Aber wussten Sie, dass auch Ihre Psyche mitisst? Farben wirken auf unsere Seele und unseren Geist – sie können anregen oder aggressiv machen, beruhigen oder ermutigen. Ohne Farben in unserer Umgebung werden wir depressiv, passiv, verlieren die Lebenslust und stumpfen ab. Was hat es also mit der lebenswichtigen Rolle der Farben auf sich?

Farben sind nichts anderes als Sonnenlicht, das sich in verschiedener Weise an der Materie bricht. Jede Farbe ist eine Lichtschwingung auf einer bestimmten Frequenz, praktisch eine Facette des Sonnenlichts, die sich erst zeigt, wenn sie auf bestimmte »Stoffe« trifft. Um die Botschaft der Farben zu verstehen, muss man also zuerst die Botschaft des Lichts kennen lernen.

Ohne Sonnenlicht kann kein Organismus auf der Erde existieren. Warum ist das so? Der führende deutsche Biophysiker Fritz-Albert Popp stellte in seinen bisherigen intensiven Forschungen Folgendes fest: Alle Zellen eines lebendigen Organismus stehen in direkter Verbindung mit dem Sonnenlicht, und nehmen dieses in sich auf. Dieses Licht ist lebensnotwendig, denn mit ihm bekommen die Zellen Informationen und Ordnungskriterien für das Überleben des ganzen Organismus (eine wuchernde Krebszelle zum Beispiel ist eine außerhalb der Körperordnung agierende Zelle). Natürliches Licht ist mitverantwortlich für die Steuerung der Körperfunktionen. Und schließlich: Jede Zelle strahlt selbst auch wieder Licht ab, die so genannten Biophotonen.

Folglich kann man sagen, dass unsere Zellen Licht »essen« und die darin enthaltenen Informationen verarbeiten – ähnlich, wie unser Körper Nahrung zu sich nimmt und die darin enthaltenen Nährstoffe verdaut. Dieses Licht erhalten wir aber nicht nur direkt von der Sonne. Durch unsere Nahrung nehmen wir auch lebendige Zellorganismen, nämlich von Tieren und Pflanzen, in uns auf. Da jede lebendige Zelle selbst dieses Lebens-Licht (Biophotonen) enthält und abstrahlt, können wir Lichtinformationen ganz einfach auch essen.

Genau diese Zusammenhänge stehen auch hinter dem jahrtausendealten und so banal klingenden Gesundheitsrezept »viel an die Sonne und frisches Obst und Gemüse essen«. Doch warum heißt es dann nicht auch: »Essen Sie viel frisches, möglichst rohes Fleisch!« Schließlich besteht Tierfleisch ja ebenso aus lebendigen Zellen und ist damit voll von Lebensenergie. Das ist in der Tat so, doch nachweisbar strahlen pflanzliche Zellen mehr Biophotonen ab als tierische – dies ist einer der Gründe, warum Obst und Gemüse öfter auf Ihrem Speisezettel stehen sollten als Fleischprodukte.

Vermutlich werden Sie jetzt seufzen und denken: »Schon wieder die alte Leier, dass man am besten wie ein Kaninchen leben und Rohkost essen sollte.« Ehrlich gesagt, weiß ich von keiner Ernährungsweise, die für alle Menschen die richtige wäre. Es gibt so viele verschiedene Auffassungen und Konzepte von der »richtigen« Ernährungsweise – von ausschließlich roher, frischer Pflanzennahrung bis zur Fünf-Elemente-Lehre der Chinesen, bei der die Einwirkung von Hitze eine wichtige Rolle spielt, um die Speisen für den Menschen bekömmlicher zu machen. Sicher ist nur, dass wir langfristig einen Anteil an lebendiger Nahrung brauchen, um unser Lebens-Licht zu erhalten. Man kann bei kranken Menschen (und ebenso auch bei kranken Tieren und Pflanzen) feststellen, dass ihre Zellen schwächer leuchten, weniger und unregelmäßiger Biophotonen abstrahlen. Bei toten Zellen ist das Licht dann gänzlich erloschen.

Dieses Buch will Sie weder zum Vegetarismus bekehren, noch Ihnen den Spaß an gebratenen Köstlichkeiten verderben. Vielmehr geht es hier darum, die faszinierenden Zusammenhänge zu beleuchten, die der wunderbaren Wirkung der Nahrungsmittel zugrunde liegen. Dadurch können Sie einerseits bewusst und gezielt damit umgehen, und Sie erkennen darüber hinaus auch, dass es sich nicht um Aberglauben oder trendigen Hokuspokus handelt, sondern um logische und nachprüfbare Fakten aus dem Geheimcode der Natur.

Licht hat also, wie wir gesehen haben, eine besondere Bedeutung für die Qualität unserer Nahrung und die Vorgänge in unserem Organismus. Welche Rolle spielen nun die Farben, die »Kinder des Lichts«. Sie erinnern sich: Farbe ist Licht, das sich auf ganz bestimmte Weise an Materie bricht. Für unsere Ernährung sind Farben echte »Lichtblicke«: Sie zeigen uns an, welche Art von Informationen die Biophotonen für uns haben, die die jeweilige Pflanzenfrucht abstrahlt – sozusagen das »Thema«, das die Pflanze regiert. Die Lichtschwingungsfrequenz »Rot« eines Apfels etwa signalisiert Ihnen, dass Sie damit vor allem überlebenssichernde Informationen für Herz, Blut und Kreislauf in der Hand halten sowie – auf mental-seelischer Ebene – für Ihre Liebesfähigkeit und Ihre Tatkraft.

Schauen Sie sich das leuchtende Orange eines dicken Kürbisses an! Es erzählt Ihnen von der Fröhlichkeit und der Lebenslust, die Sie mit ihm aufnehmen, und Ihr Stoffwechsel wird sich freuen, wenn Sie das orangfarbene Gemüse in Ihren Einkaufswagen legen.

Können Sie sich vorstellen, über einem sattgrünen Kopfsalat zu meditieren, um die Botschaft der Farbe zu vernehmen? Nein? Dann denken Sie doch mal an eine herrlich grüne Wiese. Unwillkürlich kommt das Verlangen auf, sich mitten hineinzulegen, sich wohl und mit sich und der Welt zufrieden zu fühlen. Genau das ist die Botschaft der Lichtfrequenz Grün, die Information Ihres Salatkopfes: In die eigene Mitte kommen, Zufriedenheit und Stabilität erfahren und auf der Körperebene Hilfe bei allen Störungen der Atemwege erfahren.

Dass Farben die Psyche beeinflussen, wussten Sie schon als Kind – bevor man Ihnen etwas von Farbtherapie, Goethes Farbenlehre, pastell gestrichenen Krankenhauszimmern und Biophotonen erzählt hat. Kinder sind sehr sensibel, was Farben angeht, und wünschen sich nicht ohne Grund ganz bestimmte Farben in ihrer Kleidung und Umgebung. Doch auch wir sprechen automatisch von einem »grauen« Alltag, wenn wir Langweile, Traurigkeit und das Fehlen von Lebensfreude meinen. Wir möchten »Farbe in unser Leben bringen«, »sehen schwarz«, genießen »blaue Stunden« und setzen »rosarote Brillen« auf.

Jede Farbe hat ihre ganz konkrete Bedeutung für Ihren Körper, Ihren Geist und Ihre Seele, und mit jedem Bissen nehmen Sie die entsprechenden Informationen auf. Je besser Sie daher über die Wirkung von Farben Bescheid wissen, umso gezielter können Sie pure Lebensenergie und klare Botschaften löffeln. Das heißt nicht, dass Sie nun nicht mehr nach Geschmack und Gusto kochen sollen und nur noch verschiedene Informationen zusammenrühren. Doch für gewisse Probleme, Herausforderungen und Anliegen ist dieses Wissen, wie Sie im Rezeptteil sehen werden, sehr nützlich.

DIE BOTSCHAFT DER FORMEN UND GESTALTEN

Wie man männliche und weibliche Energie essen kann

In der Signaturlehre spielen auch Formen und Gestaltungsmerkmale eine wichtige Rolle und zeigen, welche Gaben in den Früchten und Gemüsen stecken.

Stellen Sie sich vor, Sie stehen im Supermarkt in der Obst- und-Gemüse-Abteilung und lassen Ihren Blick über die Vielfalt der angebotenen Sorten schweifen. Fällt Ihnen an den Formen etwas auf? Ob Blumenkohl oder exotische Ananas, ob Kartoffel oder Dattel: Keine Pflanzenfrucht entspricht geometrischen Grundformen wie Viereck, Dreieck oder Vieleck. Zwar liebäugelt die Industrie damit, viereckige Tomaten zu züchten, um sie effektiver stapeln und verpacken zu können, aber in den Formen der Natur werden Sie keine rechten Winkel finden. Früchte, Samen und Blätter zeichnen sich durch weiche, schwingende Formen aus. Einer spitz zulaufenden Form, wie etwa bei einem Sonnenblumenkern, ist garantiert eine Rundung gegenübergestellt. Man spricht in diesem Zusammenhang von organischen Formen, und die Anthroposophie etwa vertritt die Auffassung, dass künstlich erschaffene Dinge, mit denen sich der Mensch umgibt, dieser harmonischen Formgebung folgen sollten, um wirkliches Wohlbefinden herzustellen. So haben anthroposophische Gebäude möglichst wenig rechte Winkel und faszinieren durch ihre weich schwingenden Linien vom Dach bis zu den Innenräumen.

Die prägnanteste und einfachste Botschaft der natürlichen Formen ist die Unterscheidung von rundlich (wie z. B. Tomate oder Orange) und länglich (wie Gurke oder Banane). Wie archäologische Funde belegen, wurde schon in den ältesten Kulturen die Kugel oder der Kreis mit archetypischen weiblichen Qualitäten verbunden. Dieser Archetypus ist heute vielen als das Ying aus der asiatischen Kultur bekannt. Das weibliche Grundprinzip bedeutet Gefühl, ist schützend, aufnehmend, Geborgenheit vermittelnd, passiv, nach innen gerichtet und intuitiv. Das zugeordnete Element ist Wasser, der entsprechende Planet der Mond. Dem gegenüber und es ergänzend steht der männliche Archetyp, der seit Urzeiten durch das Symbol des Phallus, des männlichen Glieds, repräsentiert wird. Das männliche Prinzip (Yang) bedeutet Verstand, ist gebend, aktiv, nach außen gerichtet, initiativ und dem Element Feuer zugeordnet. Sein Planet ist die Sonne. Die beiden Prinzipien lassen sich wunderbar am Grundmuster des Fortpflanzungsakts veranschaulichen: Der Mann mit seinem nach außen gerichteten

Penis dringt in die ihn aufnehmende Frau ein. Um den lebensspendenden Erguss zu geben, muss er in die Aktivität, die Bewegung gehen. Die Frau ist die Empfangende, die dem neuen Leben schließlich die höchste Form von Geborgenheit und Schutz bietet: Sie nimmt es in sich selbst auf, umgibt es mit ihrem eigenen Körper.

Bei der Beurteilung von Nahrungsmittelpflanzen helfen diese beiden Merkmale sehr, denn eine Menge Obst und Gemüse zeigt entweder Kugel- oder Phallusform. Apfel, Orange, Aprikose, Grapefruit, Heidelbeere, Mandarine, Melone, Pfirsich, Kirsche, Weintraube und unter den Gemüsen Tomate, Erbse, Kohl, Kohlrabi, Rote Bete (Rande), Zwiebel, Sellerie usw. schenken Ihnen also Unterstützung in Ihren weiblichen Aspekten. Das bedeutet nicht, dass dies »Frauenpflanzen« sind, die man als Frau viel und gerne essen und als Mann meiden sollte. Jeder Mensch hat Anteile des gegengeschlechtlichen Grundprinzips in sich, die mehr oder weniger stark ausgeprägt sind. Frauen können je nach ihren individuellen Anlagen aktiv, fordernd, kämpferisch und extrovertiert sein, und Männern Intuition oder Beschützerinstinkt völlig abzusprechen wäre ebenso abwegig. Die Voraussetzung für ein möglichst erfolgreiches Leben und Überleben ist gerade die Verbindung beider Qualitäten im Menschen, natürlich zu verschiedenen geschlechtstypischen Anteilen.

Außerdem geht es hier um die feinstofflichen Botschaften. Das bedeutet, mit der Aufnahme »weiblicher« Energien unterstützen Sie zum einen die in Ihnen vorhandenen Eigenschaften. Wenn Sie zum Beispiel Ihrem Partner etwas über Ihre innersten, tiefen Gefühle mitteilen wollen, aber Hemmungen haben, sich auf ein so sensibles Gebiet vorzuwagen, helfen runde – das Gefühl unterstützende und Schutz vermittelnde – Früchte und Gemüse, sich leichter und sicherer auf solche emotionalen Dinge einzulassen. Zum anderen geben die Pflanzen ihre feinstofflichen Botschaften auch zur Verstärkung der Atmosphäre, der uns umgebenden Schwingungen ab: Um Ihre verzweifelte Freundin zu trösten und ihr zu vermitteln, dass sie sich bei Ihnen geschützt und geborgen fühlen kann, hilft ein Getränk aus runden Früchten wie etwa Apfelsaft, die Atmosphäre von Schutz und Geborgenheit zu verstärken, und wird sie durch all ihren Schmerz und Schock empfänglicher für diese tröstlichen Schwingungen machen.

Alle rundlichen Pflanzenfrüchte enthalten übrigens nachweislich stressabbauende, nervenberuhigende und/oder stimmungshebende Inhaltsstoffe. Also lauter Botschaften, die bei Kummer, Angst oder Trauer wie innere Streicheleinheiten wirken.

Das männliche Prinzip findet sich in Bananen, Gurken, Auberginen, Zucchini, Chicorée, Rettich, Karotte, Lauch, Spargel, Maiskolben usw. Diese phallusförmigen Früchte und Gemüse mobilisieren Ihre Aktivität. Ist Ihre Frau durch einen zu Unrecht erteilten Rüffel ihres Chefs demotiviert und versinkt in Mutlosigkeit und Resignation – im Sinne von: »ist ja egal, mit mir kann man alles machen« –, helfen die männlichen Energien länglicher Gemüse, vielleicht in Form einer feinen Gemüsepfanne, ihren Kampfgeist wieder zu aktivieren und die Sache am nächsten Tag richtig zu stellen. Ist Ihr Sohn sehr in sich gekehrt und verbringt die meiste Zeit Musik hörend, schmökernd oder fernsehend in seinem Zimmer? Bananenshakes und die richtigen Angebote werden ihn dazu bringen, mehr aus sich herauszugehen und an gemeinschaftlichen Unternehmungen Spaß zu finden.

Zudem werden Sie feststellen, dass die »männlichen« Nahrungsmittel durchweg wissenschaftlich belegte Inhaltsstoffe aufweisen, die auf der körperlichen Ebene libido- beziehungsweise potenzsteigernde Wirkung aufweisen. Ist es nicht wunderbar, dass Sie mittels der Signaturlehre auf einen Blick ein Gemüse als Aphrodisiakum identifizieren können, wofür die herkömmliche Wissenschaft viele Stunden im Labor braucht?

Allerdings sind die Hauptsignaturen einer Pflanze wie Farbe, Form, Geschmack und Geruch immer im Zusammenhang zu sehen. Jede einzelne Komponente ist nur ein Teil der Gesamtaussage. Erst, wenn man alle Teile zusammenzählt, erhält man die vollständige und richtige Botschaft.

Stellen Sie sich vor, Sie haben Ihrem Bruder Bernd, einem leidenschaftlichen Koch, von der Botschaft der Formen von Obst und Gemüse erzählt. Er ist fasziniert, und da seine Frau in letzter Zeit öfter spitze Bemerkungen darüber fallen ließ, dass er früher die Nächte nicht verschlafen oder im Internet verbracht habe, beschließt Bernd, seine Leidenschaft via Küchenherd ein wenig anzufachen. Im Wissen um die libidostärkenden Eigenschaften der phallusförmigen Gemüse sieht er sich auf dem Markt um. Die Gurke, an die jeder sofort denkt, ist ihm zu langweilig. Schließlich fällt ihm ein tolles Rezept für gefüllte Zucchinischiffchen ein, und er kauft mehrere des für seinen Zweck perfekt geformten Gemüses. Das Essen wird delikat: Bernd hatte die zarten jungen Zucchini halbiert, ausgehöhlt, mit einer raffinierten Reis-Nuss-Creme gefüllt und im Ofen goldbraun überbacken. Auch der Tisch war mit Kerzen und Blumen romantisch gedeckt – und doch verfehlte das Mahl die versprochene Wirkung! Trotz aller romantischen Stimmung fühlte sich Bernd nur wohlig satt, zufrieden und hätte gerne ganz entspannt die harmonische Atmosphäre bei einem guten Gespräch genossen. Der erhoffte Hunger nach sexuellen Aktivitäten wollte sich partout nicht einstellen. Doch das war nicht die Schuld der Zucchini, sondern lag daran, dass er nur ein einzelnes Wort des »Sesam-öffne-dich«-Zauberspruchs kannte, nur einen Teil des Puzzles beachtete, nämlich die Wirkung der Form.

Die ganze Zauberformel aber heißt: F-F-G = Farbe-Form-Geschmack.

Schauen wir uns nach der FFG-Zauberformel die drei entscheidenden Teile des Puzzles »Zucchini« in Hinblick auf sexuelle Lust und Leistungsfähigkeit an.

Puzzlestein 1: die Farbe

Die grüne Farbe der Zucchini signalisiert ausgleichende, beruhigende Wirkung. Hervorragend für jemand, der vor lauter Stress nicht abschalten kann und deshalb nur halbherzig beim Sex dabei ist, um sich zu entspannen und in seine Mitte zu kommen. Bernd allerdings benötigte genau das Gegenteil von Beruhigung und Entspannung. Er wollte das Feuer der Leidenschaft anfachen, und das bewirkt die Farbe Rot.

Puzzlestein 2: die Form

Volltreffer! Die phallusförmige Zucchini enthält reichlich Provitamin A, das Bernds Leistungsfähigkeit im ganzen Körper tüchtig ankurbelt und damit auch stärkend auf seine Potenz wirkt. Die feinstofflichen Schwingungen des länglichen Kürbisgemüses unterstützen seine Psyche mit der Tatkraft und dem Aktivitätsdrang, den sein Körper als Motor für sexuelle Energien braucht.

Puzzlestein 3: der Geschmack

Auf die Botschaften des Geschmacks kommen wir im nächsten Kapitel ausführlich zu sprechen. Hier nur ganz konkret zum Fall Zucchini, um das Zusammenspiel der Komponenten komplett zu zeigen: Zucchini haben wenig Eigengeschmack. Sehr zarte oder eher neutrale Aromen zeigen an, dass harmonisierende Kräfte am Werk sind, die hauptsächlich als Träger und Verstärker anderer Pflanzenkräfte fungieren. Zucchini eignen sich damit ideal dazu, dass sich die Botschaften der mit ihnen zusammen gekochten anderen Zutaten voll entfalten beziehungsweise noch verstärken können. Bei Bernds ausgezeichnetem Rezept konnten die Zucchini aber nur die Wirkung der Füllung aus Reis und Nüssen unterstützen. Reis und Nüsse als Serotoninquelle jedoch steigern nur das Wohlbefinden und die Zufriedenheit. Das Feuer, das Bernd für sein Anliegen gebraucht hätte, konnte damit nicht entfacht werden. Um sich »scharf« zu machen, hätte er statt ausgleichender, milder Aromen scharfe Gemüse wie Chili oder Paprika in sein Rezept einbauen müssen.

Nach unserer Zauberformel braucht es für ein ideales Rezept für mehr männliche Lust und Leidenschaft folgende Puzzleteile:

- Puzzlestein 1 – Farbe: Für mehr sexuelles Feuer und Leidenschaft ist Rot der richtige Helfer.
- Puzzlestein 2 – Form: Phallusförmig für Betonung der männlichen Aktivität und sexuelle Leistungssteigerung.
- Puzzlestein 3 – Geschmack: Scharf macht, was scharf schmeckt.

In ein entsprechendes Gericht umgesetzt, hieße das Folgendes: Bernd kauft Zucchini. Mit ihrer länglichen Form erfüllen sie perfekt die zweite Bedingung. Ihre grüne, harmonisierende Farbe trägt zur guten Stimmung bei und stört gar nicht, wenn Bernd bei den weiteren Zutaten Rot dominieren lässt. Der neutrale, andere Wirkungen verstärkende Geschmack der Zucchini ist ideal, um den sexuell anregenden roten Gemüsen, die Bernd für die Füllung verwendet, noch mehr Power zu geben. Bernd kauft also knallrote Tomaten und Paprika sowie scharfe feuerrote, längliche Chilischoten. Das fein gewürfelte Gemüse verrührt er raffiniert mit Schafskäse (Käse enthält den Gute-Laune-Macher Endorphin) und füllt damit die Zucchinihälften. Mit diesem Rezept dürfte Bernd beste Aussichten haben, den schlafenden Tiger in ihm wieder wach zu kitzeln ...

Wenn Sie sich also nach der Zauberformel F-F-G richten und so die entsprechende Farbe mit der passenden Form und dem richtigen Geschmack kombinieren, ist Ihre Kochkunst bereits fortgeschrittenes Zauberhandwerk.

MAGISCHE BOTSCHAFTER: GESCHMACK UND GERUCH

Der intuitive Hunger nach Leben

Weshalb können wir eigentlich verschiedene Geschmacksrichtungen unterscheiden? Um zu überleben, würde es doch völlig ausreichen, den Geschmack »bitter« erkennen zu können; dies ist wichtig, da die meisten giftigen oder in größerer Menge unbekömmlichen Pflanzenprodukte bitter schmecken. Wenn dann Magenknurren zur notwendigen Nahrungsaufnahme mahnte, könnten wir uns mit allem vollstopfen, was nicht bitter schmeckt, und ohne Probleme einfach aufhören, wenn wir satt sind. Das würde vielleicht nicht sehr viel Spaß machen und auch den Appetit nicht anregen, doch zum Überleben braucht man keinen Appetit.

Unser Körper ist perfekt ausgestattet, um das Überleben optimal zu sichern. Jede Funktion und jedes Organ spielt dabei seine wichtige und sinnvolle Rolle. Darum kann unser ausgeprägter und vielfältiger Geschmackssinn nicht nur dazu eingerichtet sein, unsere Nahrungsaufnahme möglichst vergnüglich zu gestalten (wenn ich auch mit vielen anderen Menschen der Meinung bin, dass dies ein schöner und gewollter Nebeneffekt ist, der die Lebensqualität sehr sinnvoll erhöht!). Warum also haben wir so ausgeprägt feine Sensoren wie unsere vielen Geschmacksknospen auf der Zunge? Ganz einfach: Geruchs- und Geschmacksstoffe liefern neben Farbe und Form weitere wichtige Informationen über die körperlich und seelisch wirkenden Kräfte, die in einer Pflanze stecken.

Unsere intelligenten Körperzellen schicken ganz gezielt Impulse für den »Hunger« nach bestimmten Geschmäckern beziehungsweise Geschmackskombinationen an unser Gehirn, damit wir Nahrungsmittel mit genau den Inhaltsstoffen zu uns nehmen, die unser Körper und unsere Seele gerade brauchen. Damit ist auch nicht der bloße Appetit gemeint. Appetit ist ein Produkt unseres Verstandes; er hat die Lustgefühle bei einem schmackhaften Nahrungsmittel – egal wie ungesund oder sogar schädlich für uns – unter »lustvolle Erfahrung – Wiederholung erwünscht« gespeichert. Die »intuitiven Hungergefühle«, von denen hier die Rede ist, sind nicht mit der Zivilisationserscheinung Appetit zu verwechseln. Unsere Zellen würden freiwillig nie so etwas Lebensfeindliches tun, wie unstillbare Gelüste auf Hamburger, Coca-Cola oder Gummibärchen zu produzieren. Aufgrund unserer Lebensweise nehmen wir die Signale unserer Zellen jedoch kaum noch wahr. In unserem Ess- beziehungsweise Kochverhalten mischen wir so viele Aromen und Geschmäcker zusammen und salzen oder würzen das Ganze so stark, dass unsere Zunge für die feinen Unterscheidungen der Pflanzenbotschaften bereits viel zu unsensibel und abgestumpft ist. Bei den frühen Erdbewohnern ebenso wie bei heutigen Naturvölkern war und ist die Ernährung im Vergleich dazu sehr schlicht, so dass der Geruchs- und Geschmackssinn dort noch ungehindert seine ursprüngliche Aufgabe erfüllen konnte beziehungsweise kann.

Nehmen wir an, ein Höhlenmensch ist bei seiner erfolglosen Jagd nach einem Mammut in einen Froschtümpel gestolpert. Völlig durchnässt stapft er entmutigt im kalten Wind nach Hause. Seine Zellen empfangen alle Signale einer drohenden Erkältung und senden nun starke Hungergefühle nach einem süßen Geschmack aus, den er seiner Erfahrung nach mit Brombeeren verbindet. Nachdem er einen ganzen Strauch voll der hoch Vitamin-C-haltigen, immunstärkenden Früchte verdrückt hat, fühlt er sich schon viel besser. Und dies nicht zuletzt auch, weil die stressabbauende, nervenharmonisierende Wirkung der Brombeere (mit ihrer rundlichen Form!) seine Anspannung und Erregung über die verpatzte Jagd besänftigt hat. Kaum ist die letzte Beere in seinem Mund verschwunden, verspürt er ein neues Hungergefühl – auf so viel Süßes braucht er noch etwas Scharfes, Herzhaftes. Er weiß, dass in der Nähe wilde Radieschen wachsen, und gräbt sich gierig eine Hand voll davon aus. Normalerweise findet er die fast beißende Schärfe unangenehm, aber heute helfen ihm die Scharfstoffe, die Schleimhäute seiner bereits tropfenden Nase zu desinfizieren und abschwellen zu lassen. Auf feinstofflicher Ebene liefert ihm die Schärfe der (knallroten!) Wurzel das entsprechende Feuer für die Seele: reichlich Ermutigung und Aktivierung seines Kampfgeistes, um – jetzt wieder fit – die überlebensnotwendige Jagd gleich noch einmal zu versuchen.

Auch ein Jäger der heutigen Zeit, etwa ein Manager, bekommt nach einem missglückten Geschäftsabschluss oft Lust auf Süßes. »Süß« verbindet unser Verstand allerdings schon seit Generationen nicht mehr mit der natürlichen Süße von Obst, sondern mit dem konzentrierten Zucker von Schokolade und Bonbons. Der frustrierte Manager, der im zweiten Jahrtausend unserer Zeitrechnung durch den Platzregen nach Hause hetzt, reagiert genauso verlässlich auf sein intuitives Hungergefühl wie der Steinzeitmensch. Nur zieht der moderne Mann meist statt einen Apfel einen Schokoriegel aus seinem Aktenköfferchen und versucht damit, seine plötzlichen Gelüste zu stillen. Zum Teil klappt das auch, denn der Botenstoff Serotonin in der Schokolade hebt die Laune. Aber seine intelligenten Zellen haben mit dem Ruf nach Süße all die Informationen geordert, die in einem entsprechenden Stück Obst, etwa einem Apfel, stecken würden: den Trost und den Stressabbau durch die rundliche Form, die Ermutigung der Farbe Rot (oder die beruhigende Wirkung von Grün) und natürlich auch die ausgeklügelte Vitaminkombination gegen die drohende Erkältung! Darum schreien die Zellen trotz Schokoriegel einfach nochmal nach »Süße«. Der inzwischen durchnässte und bereits niesende Manager kauft am nächsten Kiosk eine Tafel seiner Lieblingsschokolade und stopft auch die noch in sich hinein. Bis er zu

Hause ist, hat die Wirkung des Gute-Laune-Machers Serotonin schon ziemlich nachgelassen. Er ist unglücklich wegen des verpatzten Geschäfts und fühlt sich schuldig, weil er seinem bereits sichtbaren Bauchansatz so viel Schokolade zugeführt hat. Seine schlechte seelische Verfassung öffnet der Erkältung Tür und Tor: Er wird krank und muss ins Bett. Seine Zellen zucken sozusagen mit den Achseln: Sie haben es ja nun wirklich versucht ...

Wo in unserer heutigen Zeit der intuitive Heißhunger noch recht gut funktioniert und als allgemein bekanntes, doch meist verkanntes Phänomen belächelt wird, ist in der Schwangerschaft. Angesichts einer werdenden Mutter, die rohe Leber mit frischen Ananasstückchen in sich hineinstopft, folgert ihr grinsendes Umfeld ganz richtig: »Der Körper holt sich, was er braucht.« Doch nicht nur der Körper, sondern zugleich immer auch die Seele.

In heißen Ländern wird besonders viel Scharfes gegessen. Touristen etwa in Mexiko wundern sich nicht selten darüber, wie die Einheimischen bei der Hitze auch noch Gerichte essen können, von denen man wahre Schweißausbrüche bekommt. Dabei essen die Menschen dieser Länder, was die Schärfe angeht, intuitiv ganz richtig: Die Scharfstoffe in Chili, Pfeffer, Paprika und Knoblauch sind die natürlichen Feinde von Pilzen und Bakterien, die sich in dem warmem Klima besonders wohl fühlen und schnell vermehren. Und auf der seelischen Ebene stärken sie das innere Feuer, das der träge machenden Hitze entgegengesetzt werden muss. Wer in heißen Klimazonen lebt, kann nicht wie wir im Urlaub vom Strandnickerchen nahtlos zur Siesta und dann zum gemütlichen Stadtbummel übergehen. Scharfe Gewürzpflanzen machen dann innerlich »Feuer unterm Hintern«, mobilisieren Tatkraft und Unternehmungslust. Und nicht zuletzt verdanken die Südländer auch dieser Ernährungsweise ihren Ruf als leidenschaftliche Liebhaber(innen) und feurige Temperamente: Alle scharfen Gemüse und Gewürze wirken wortwörtlich als sexuelle Scharfmacher und entfachen das Feuer leidenschaftlicher Gefühle in unserem Herzen.

Warum lieben Kinder Süßes so sehr? Der süße Geschmack ist in der Natur das Zeichen für Energien, die helfen, Stress abzubauen, Nerven und Gehirnleistung zu stärken und für innere Ausgeglichenheit, Stabilität und Harmonie zu sorgen. Kinder sind von Geburt an einer unglaublichen Flut an äußeren und inneren Eindrücken ausgesetzt. Die Leistung, die ein Kinderkörper, ein Kindergehirn und eine Kinderseele an tagtäglicher Verarbeitung von Reizen, Lerneinheiten, Neuentdeckungen und Gefühlen erbringt, ist im Vergleich zum Erwachsenen phänomenal. Als optimale Unterstützung bei ihrer Schwerstarbeit der Entwicklung verlangen Kinder intuitiv nach Süßem. In der Natur ist der süße Geschmack hauptsächlich in Früchten enthalten (die bei Kindern so beliebte Tomate zählt botanisch übrigens auch zu den Früchten). Und diese wiederum bieten einem im Wachsen begriffenen Organismus jede Menge gezielt wirkender Vitamine, Mineralien und Aufbaustoffe – auch und vor allem Stoffe, die dem Gehirn helfen, die vielen Eindrücke aufzunehmen, zu verarbeiten und dabei nicht unter Stress zu geraten. Die süßen Früchtchen kümmern sich aber auch um die Seele der kleinen Menschen: Auf feinstofflicher Ebene hilft ihre Schwingung, bei dem täglichen Ansturm der Gefühle, die beim Erlernen der Spielregeln von Familie und Umwelt auf sie zukommen, innerlich das Gleichgewicht zu bewahren, die Gefühle besser zu verarbeiten und sich dabei auch noch weitgehend wohl zu fühlen.

Leider stillen wir heute diesen intuitiven Hunger auf Süßes meist mit Zuckerprodukten wie Bonbons und Schokolade. Unsere Gaumen sind längst zu abgestumpft, um natürliche Süße als befriedigend zu empfinden. Eine »unverdorbene« Zunge würde die Süße eines Apfel oder einer Banane als völlig ausreichend empfinden. Sehr schön lässt sich dies auch in alten Märchenbüchern nachlesen. Oft bekommen dort Kinder, die sich verlaufen haben, von einer mildtätigen Seele eine Schale »süße Milch«. Keine Rede davon, dass es sich dabei um gezuckerte Milch handelte. Zu der Zeit, als die Märchen entstanden beziehungsweise aufgeschrieben wurden, war Zucker teuer und wurde nur in kleinster Dosierung hauptsächlich als Gewürz verwendet. Eben darum empfanden die noch nicht durch ein Übermaß an Zucker verdorbenen Menschen dieser Zeit den Geschmack von frischer Milch selbst als süß. Eine Geschmacksbeschreibung, die heute gewiss keinem mehr einfallen würde.

Der künstlich hergestellte Süßgeschmack unserer heutigen Süßigkeiten hat natürlich keine der beschriebenen Wirkungen. Im Gegenteil. Abgesehen von den körperlichen Gesundheitsschäden, die zu viel Zucker hervorruft, hat eine kanadische Studie eindrücklich auch Auswirkungen auf den psychischen Bereich festgestellt: Sozial auffällige beziehungsweise gewaltbereite Kinder und Jugendliche wurden in zwei Gruppen eingeteilt. Die eine Gruppe bekam über einen Zeitraum von mehreren Wochen wie gewohnt ihre Lieblingsernährung, nämlich zucker- und fettreiche Kost in Form von Fastfood und Süßigkeiten. Der anderen Gruppe wurde zucker-(und weißmehl-)freies Essen vorgesetzt. Die Aggressionen der zuckerfreien Gruppe ließen nach einiger Zeit deutlich nach!

Sehr milde, eher neutrale Geschmacksrichtungen wirken als Träger beziehungsweise Verstärker anderer Geschmacksbotschaften. Sie sind die Vehikel, auf deren Rücken andere Schwingungen schneller und besser ans Ziel gelangen – nämlich zu Ihren Körperfunktionen und in Ihre Psyche.

Sie sehen, über Geschmack lässt sich wirklich nicht streiten – denn er hat für Körper und Seele ganz eindeutig zugeordnete, wichtige Funktionen – die Sie für Ihre wirkungsvolle Kochkunst wunderbar nutzen können!

Eng mit dem Geschmack verbunden ist der Geruchssinn. Wenn Sie sich beim Essen die Nase zuhalten, schmecken Sie nichts mehr, und wenn etwas eklig riecht, werden Sie es kaum hinunterbringen. Eine wunderbare Einrichtung der Natur! Sie werden fast keine Pflanzenfrucht finden, die abstoßend riecht, aber für den Menschen gesund und bereichernd ist. Vielmehr signalisiert unangenehmer Geruch etwa von fauligem oder schimmligem Gemüsen sehr einprägsam: »Hände und Zunge weg, das ist nicht bekömmlich!« Rohe Kartoffeln riechen nicht appetitanregend (und schmecken auch nicht). Gekochte oder gebackene Kartoffeln haben dagegen einen anregenden Duft. Die Botschaft: Rohe Kartoffeln enthalten das Pflanzengift Solanin, das durch den Koch- oder Bratvorgang zerstört wird.

Diese Warnfunktion des Geruchssinns ist aber noch nicht alles. Wir riechen verzückt an duftenden Rosen, haben Duftsteine in der Toilette, waschen mit Weichspülern ganze Blumenwiesen in unsere Kleider, und im Bad steht ein stattliches Arsenal an würzigen Duftwässerchen für den Herrn und raffinierten Parfumkreationen für die Dame. Kurz, wir legen viel Wert darauf, uns mit aromatischen, frischen oder betörend süßen Gerüchen zu umgeben, denn dann fühlen wir uns wohl. Zu Recht, denn Düfte haben – wie die Aromatherapie so erfolgreich zeigt – heilende, anregende oder entspannende Wirkung. Allerdings – dies muss hier nochmals gesagt sein – haben synthetische Düfte wie Wunderbäume fürs Auto oder Raumsprays allenfalls eine Pseudowirkung und führen unsere Zellen nur kurze Zeit an der Nase herum. Testen Sie einfach mal den Unterschied: Hängen Sie sich auf der Heimfahrt nach einem langen Arbeitstag einen so genannten Wunderbaum mit Orangenaroma an den Rückspiegel, und atmen Sie den Duft bewusst ein. Lüften Sie am nächsten Morgen das Auto gut durch. Nach Feierabend schälen Sie in Ihrem Auto, bevor Sie losfahren, eine Orange. Die Schalen lassen Sie auf einem Papier offen auf dem Beifahrersitz liegen. Achten Sie auf den Unterschied, wie Sie sich nun bei Ihrer Ankunft zu Hause fühlen!

Wie beim Geschmack wirken eher süße Aromen nervenstärkend oder nervenberuhigend. Frische Düfte wie Zitrone oder Orange muntern auf und machen fröhlich. Würzige Aromen wie Thymian oder Rosmarin regen an, stärken die seelische Belastbarkeit und fördern die Tatkraft. Wenn Sie also das nächste Mal eine mit frischen Kräutern gewürzte Suppe auf den Tisch stellen, genießen Sie sie wie teuren, alten Wein: Schließen Sie die Augen und atmen Sie tief die Aromen ein – jetzt kennen Sie ja die Geheimnisse, die Ihnen mit jedem Atemzug in die Nase steigen ...

VON SCHARF MACHENDEN CHILIS UND DEM MUT DER PETERSILIE

Wie Nahrungsmittel auf körperlicher und seelischer Ebene wirken
Die gebräuchlichsten Obst-, Gemüse- und Kräutersorten

Damit Sie ganz konkret die Anwendung der Signaturlehre nachvollziehen können, lernen Sie hier die Signaturen und Wirkungen der gebräuchlichsten Obst-, Gemüse- und Gewürzkräutersorten kennen. Sie können dieses Kapitel wie eine Art Nachschlagewerk verwenden – zumindest so lange, bis Ihnen die »Pflanzensprache« in all Ihre sechs geschärften Sinne übergegangen ist.

Da Farben, Formen und Geschmacksrichtungen die wichtigsten Merkmale zur Bestimmung der Pflanzenkräfte sind und sich in unserem Nahrungspflanzenangebot ständig wiederholen, finden Sie deren Wirkungen zur besseren Übersicht und Einprägsamkeit stichwortartig nach der F-F-G-Formel vorangestellt.

GEMÜSE

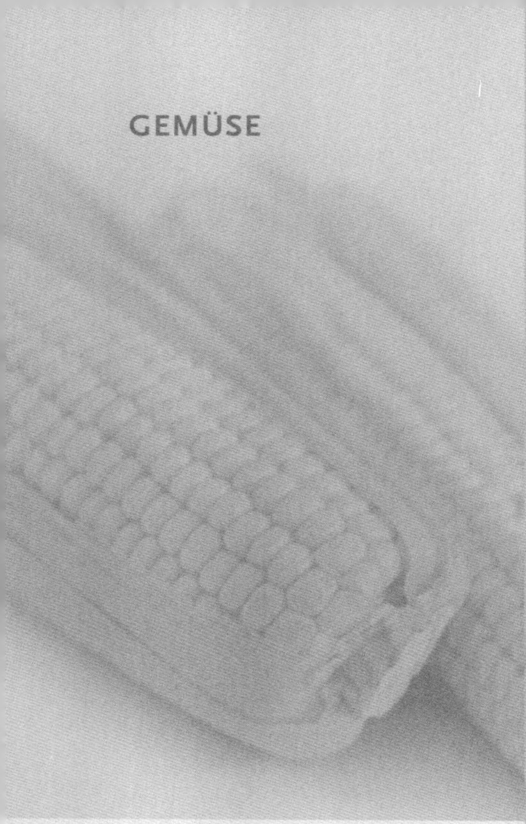

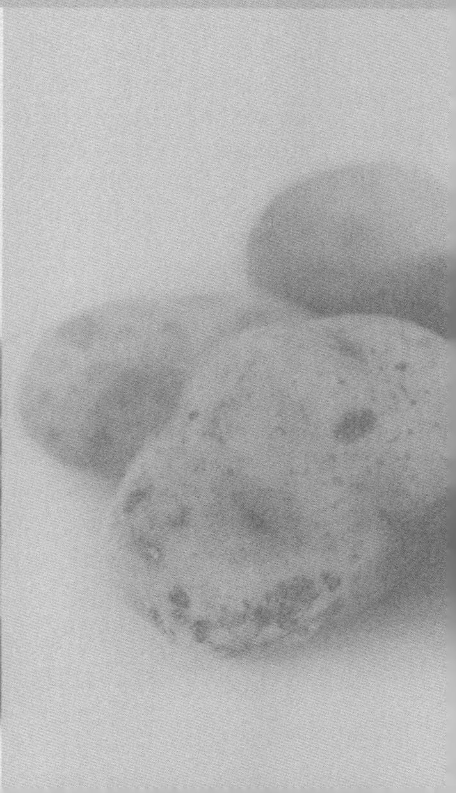

TOMATE

Farbe: rot
Signatur für das emotionale Herz, also Liebe, Zuneigung und Leidenschaft. Rot steht für aktives Nach-außen-Tragen von Gefühlen und Überzeugungen, überwindet Hemmungen, stärkt den Willen und die Tatkraft, den Kampfgeist und das Selbstbewusstsein.
Wirkt unterstützend für Herz, Kreislauf und Blutbildung, stärkt die Sexualkraft.

Form: rund
Vermittelt Schutz und Geborgenheit, betont die Gefühlswelt.
Beruhigt die Nerven, wirkt stressabbauend und verstärkt die Intuition.

Geschmack: süß
Weist auf Energien hin, die harmonisieren, das innere Gleichgewicht und die Stabilität wieder herstellen.
Beruhigt die Nerven, hilft, Stress gut zu verarbeiten, und hellt die Stimmung auf. Hebt körperliches und geistiges Leistungsvermögen.

Bisher erforschte Hauptinhaltsstoffe: Lykopen, Biotin, Niazin, Folsäure, Vitamin A, C und E, Kalium, Magnesium, Eisen, Kalzium, Phosphor, Kupfer, Zink, Kobalt, Nickel, natürliche Hormone, Kortisone, ätherische Öle.
Zellschützend, stärkt Haut, Haare und Nägel, bringt gute Laune, wirkt nerven- und gehirnstärkend, unterstützt Blutbildung und Zellwachstum, wirkt immunstärkend, entwässernd, fördert Hormonbildung, stärkt Knochen und Bindegewebe, aktiviert die Verdauung.

Die Tomate ist ein hervorragender Begleiter in allen romantischen, leidenschaftlichen Angelegenheiten. Sie sorgt dafür, dass wir uns entspannen, den Alltagsstress abschütteln und liebevollen Gefühlen entsprechend Raum geben können. Der nicht von ungefähr so genannte Liebesapfel regt nicht nur den sexuellen Appetit an, er unterstützt auch dessen praktische Umsetzung ... Die vielen

Kernchen in der Tomate sind übrigens die Signatur für fruchtbarkeitssteigernde Kräfte. Haben Sie den Wunsch, dass aus der Liebesnacht ein neues Leben entstehen soll, verstärkt die Tomate die Gunst der Stunde.

Auch im Berufsalltag, für wichtige Gespräche oder Aussprachen mit Familienmitgliedern und Freunden kann Ihnen die Tomate den nötigen »Kick« geben: Sie löst die innere Verkrampfung, die aus Angst, Hemmungen oder Schüchternheit entsteht, und lässt Sie sicherer und selbstbewusster fühlen. Damit sind wichtige Voraussetzungen erfüllt, um ein konstruktives Gespräch führen zu können. Zusätzlich stärkt die Tomatenenergie Ihre Willenskraft und hilft Ihnen, sich durchzusetzen oder bei Ihren Entscheidungen zu bleiben. Und nicht zuletzt wirken Sie dadurch aktiv, energiegeladen und kontaktfreudig – damit punkten Sie bei einem Vorstellungsgespräch, einer Gehaltsverhandlung oder einer Präsentation.

- Facht Liebe und Leidenschaft an,
- stärkt Willenskraft, Kampfgeist und Selbstwertgefühl, zum Beispiel bei Gehaltsverhandlungen oder privaten Aussprachen,
- aktiviert und motiviert zu mehr Engagement und tatkräftiger Umsetzung von Vorhaben und Ideen.

Ob in der Liebe oder für die Karriere – Tomaten machen Sie fit, aktiv und attraktiv! Der hohe Anteil ihres erfrischend-süßlichen Safts zeigt Ihnen an, dass Sie mit dieser Powerfrucht einen wahren Jungbrunnen in Ihren Salat schneiden: Ein ganzes Arsenal an Vitaminen und Schutzstoffen gibt Ihnen schwungvolle Leistungsstärke, Lebenslust und ein frisches, strahlendes Aussehen.

Und die Tomate hat noch eine weitere Botschaft für Sie, wenn Sie sich die ganze Pflanze ansehen: So reich die Staude trägt und so kraftvoll Ihre prallen, schweren Früchte sind – sie tut sich schwer, alles allein zu tragen. Jeder Gärtner hilft deshalb seinen Tomatenpflanzen und bindet sie an einen Rankstab, der sie stützt und ihnen Halt gibt. Genau das ist die kluge Botschaft der Tomate: Wer Liebe leben, Sex genießen, selbstbewusst und stark die erfolgreichen Früchte seines Tuns ernten möchte, der darf ruhig die Unterstützung anderer annehmen. Servieren Sie Ihrem Freund vor seinem Vorstellungstermin also den Tomatensalat mit einem Gespräch, das ihm noch mehr Vertrauen in seine Fähigkeiten gibt und das ihm zeigt, dass Sie im Fall einer Absage nicht gleich bei ihm ausziehen. Sie werden sehen, die Tomate und Sie sind ein tolles Team!

Übrigens: Als man in Europa die starken Sexual- und Liebeskräfte der von den Azteken über die Spanier eingeführten Tomate entdeckte, wurde sie zeitweilig von der Kirche sogar verboten!

MAIS

Farbe: gelb
Gelb bringt die Sonne in Ihre Seele, macht positiv, energiegeladen und motiviert. Gelb ist auch die Farbe des Sendens. Es fördert Ihre Kommunikationsfähigkeit, macht beredsam und gewandt mit Worten. Wirkt öffnend und unterstützt die Fähigkeit, Gefühle, Ideen, Stimmungen und Gedanken besser und klarer zu vermitteln. Außerdem hilft es, bestimmte Dinge aus Ihrem Inneren »wegzusenden«, das bedeutet, Gelb unterstützt bei mentalen und emotionalen Loslösungsprozessen, bei der Veränderung von Verhaltensmustern oder negativen Denkweisen.
Stärkt Leber- und Nierenfunktion sowie die Nervenkraft.

Form: länglich (Maiskolben)
Macht aktiv, tatkräftig, extrovertiert, regt den Verstand an und steigert die Potenz.

Geschmack: süß
Weist auf Energien hin, die harmonisieren, das innere Gleichgewicht und die Stabilität wieder herstellen. Beruhigt die Nerven, hilft, Stress gut zu verarbeiten, und hellt die Stimmung auf.
Hebt körperliches und geistiges Leistungsvermögen.

Bisher erforschte Hauptinhaltsstoffe: Thiamin, Mangan, Biotin, Niazin, Pantothensäure, Folsäure, Eisen, Selen, Magnesium, Zink. Steigert die Gehirnleistung, stärkt Konzentration und Intellekt, kräftigt Haut, Haare und Nägel, hebt die Stimmung, unterstützt Wachstum, Blutbildung, Zellatmung, Muskel- und Herztätigkeit, immunstärkend, aktiviert die Hormonproduktion, kräftigt das Bindegewebe, steigert die Potenz.

Mais sollte immer dann auf Ihrem Einkaufszettel stehen, wenn Sie intensive Lernsituationen unterstützen wollen. Er verbessert die Konzentration, bringt die kleinen grauen Zellen auf Trab, motiviert und sorgt nebenbei dafür, dass die Wissensaufnahme nicht durch Versagensängste oder zu viel Stress blockiert wird. Für mündliche Prüfungen ist er ideal, da er Wortgewandtheit und positive Ausstrahlung unterstützt.

Aber auch für die umgekehrte Situation, für die Vermittlung von Wissen, Ideen oder Gedanken, ist Mais der richtige Helfer. Denn die süßen Goldkörner unterstützen alle Denkprozesse und »vergolden« dabei Ihre Zunge. Müssen Sie eine Rede halten? Mais hilft Ihnen, den Faden nicht zu verlieren, flüssig zu sprechen und Ihren Worten Kraft zu verleihen. Stehen ein wichtiges Vorstellungsgespräch, eine Präsentation oder ein Vortrag an? Machen Sie sich mit Mais fit! Er sorgt dafür, dass Sie sich besser vorbereiten können, Ihren Text nicht vergessen, richtig Power geben und sympathisch »rüberkommen«.

- Unterstützt alle Lern- und Prüfungssituationen,
- stärkt die Kommunikationsfähigkeit und Wortgewandtheit,
- fördert Potenz und Fruchtbarkeit.

Fühlen Sie sich zu dick und wollen Sie Ihre Essgewohnheiten verändern? Dann ist Mais Ihr Verbündeter: kalorienarm, schmackhaft und vielseitig macht er trotz Süßigkeitenentzug gute Laune. Und was noch wichtiger ist: Er hilft Ihnen, Ihre innere Programmierung von negativen Gedanken über Ihr Aussehen loszulassen und Ihr Essverhalten – wenn Sie es wirklich wollen – nachhaltig zu ändern. Aber Achtung: Dosenmais ist gezuckert! Daher kaufen Sie lieber frischen oder tiefgefrorenen Mais.

Und last but not least: Maiskolben mit geschmolzener Butter zu knabbern ist eine sehr sinnliche Sache, die die Fantasie entsprechend beflügeln kann. Wie praktisch, dass in den gelben Powerkörnern potenzsteigernde Kräfte stecken ... Aber Vorsicht: Ein Maiskolben hat viele Samenkörner, was deutlich auf fruchtbarkeitssteigernde Energien hinweist!

ERBSE

Farbe: grün
Bringt in die eigene Mitte, stabilisiert und entspannt, wirkt ausgleichend und regenerierend. Vermittelt Zufriedenheit und Wohlgefühl.
Bei allen Störungen der Atemwege sowie bei Krampfzuständen.

Form: rund
Vermittelt Schutz und Geborgenheit, betont die Gefühlswelt.
Beruhigt die Nerven, wirkt stressabbauend und verstärkt die Intuition.

Geschmack: süß
Weist auf Energien hin, die harmonisieren, das innere Gleichgewicht und die Stabilität wieder herstellen. Beruhigt die Nerven, hilft, Stress gut zu verarbeiten, und hellt die Stimmung auf.
Hebt körperliches und geistiges Leistungsvermögen.

Bisher erforschte Hauptinhaltsstoffe: Magnesium, Nukleinsäuren, Eiweiß, Vitamin C, A, B_1, B_2 und B_3, Eisen, Zink, Ballaststoffe.
Schützt gegen Parasiten, immunstärkend, Zellwachstum fördernd, regeneriert das Gewebe, kräftigt die Nerven und sorgt für geistige Fitness, fördert den Muskelaufbau, entgiftet, kräftigt Haare und Bindegewebe, macht widerstandsfähig gegen Stress, senkt Cholesterin- und Blutfettspiegel, fördert die Verdauung.

Wenn Sie richtig Stress haben und sich dem Druck fast nicht mehr gewachsen fühlen, geben Sie sich »die Kugel«! Und zwar möglichst viele von den kleinen grünen Erbsenkugeln, die wahre

Wunderpillen für Ihre Nerven- und Widerstandskraft sind. Kinder lieben Erbsen, und das macht auch Sinn: Mit der Kombination von grün, rund und süß helfen ihnen Erbsen, die vielen Eindrücke und Lernanforderungen, die täglich auf sie einstürmen, besser aufzunehmen, zu verarbeiten und dabei ausgeglichen zu bleiben. Kleine Leckermäuler, die schnell jähzornig werden, wenn sie die Keksdose auf dem Schrank nicht erreichen können, das Puzzlespiel nicht zusammenbekommen oder sich am Ende eines Ausflugstags in den Zoo mit anschließendem Eisbecher und Märchenfilm überfordert fühlen, sind für den klassischen Kinderteller »Erbsen mit Kartoffelbrei« äußerst dankbar. Mit der Botschaft der Erbsen entkrampfen sich die Kinder und können wieder durchatmen. Sie finden zu ihrem inneren Gleichgewicht zurück, Eindrücke und seelische Bilder kommen wieder ins Fließen, und Anforderungen – auch wenn man sie einmal nicht erfüllen kann – werden besser »verdaut«.

- Sind ein sehr gutes Anti-Stress-Mittel,
- helfen Kindern, Eindrücke besser zu verarbeiten und ausgeglichener zu reagieren,
- machen den Geist älterer Menschen fit und aufnahmefähig,
- unterstützen die natürlichen Erfolgsressourcen von Karrierefrauen.

Aber auch um die ältere Generation macht sich die Erbse verdient: Ältere Menschen leiden oft unter schwindender Aufnahmefähigkeit, können etwa einem fröhlichen Tischgespräch, bei dem alle durcheinander reden, nicht mehr folgen oder werden bereits nach wenigen Seiten Lektüre plötzlich müde. Hier halten Erbsen den Geist frisch und beweglich, sie helfen Körper, Geist und Seele, sich bei Überforderung schnell wieder zu regenerieren, und, was gerade bei hochbetagten Menschen wichtig ist, sie unterstützen diese dabei, die Grenzen ihrer Kräfte gelassener zu respektieren, sich nicht zu verausgaben und ihr individuelles Gleichgewicht zwischen Aktivität und Ruhephasen zu finden.

Für Karrierefrauen sind Erbsen nützliche Assistenten. Besonders, wenn es um Situationen geht, in denen frau sich unter ungünstigen Rahmenbedingungen beweisen muss oder Konkurrenzängste auftauchen. Frauen neigen besonders dazu, sich in beruflichen Herausforderungen, bei denen sie nicht mit einem

Team, sondern gegen jemanden arbeiten müssen, so zu verkrampfen, dass sie sich den Zugang zu ihren weiblichen Wesensanlagen versperren. Statt auf ihre natürlichen Ressourcen wie Intuition, Weitsicht, Verbindlichkeit und Kreativität zurückzugreifen, versuchen sie es dann meist mit gängigen »männlichen« Strategien. Hier befinden sie sich aber auf fremdem Terrain, wirken oft gekünstelt, nicht authentisch und damit nicht glaubwürdig – im schlimmsten Fall unsympathisch. Insgeheim weiß frau das auch, spürt, dass sie ohne die Rückendeckung ihrer angeborenen Fähigkeiten kämpft, und verkrampft sich noch mehr. In solchen Situationen wirkt die Erbse wunderbar als Stressregulator und hilft Ihnen, sich so weit zu entspannen, dass der Zugang zu all Ihren Fähigkeiten wieder frei wird.

Doch die kleine runde Kugel bewirkt noch etwas ganz Besonderes. Außen knackig und innen zart ist die Signatur für eine »Weiblichkeit mit Biss«! Als Karrierefrau haben Sie schon bewiesen, dass Sie das nötige Durchsetzungsvermögen mitbringen. Zu viel destruktiver Stress kann diese Durchsetzungskraft zeitweise lahmlegen oder Sie daran zweifeln lassen. Erbsen helfen Ihnen, Ihren »Biss« wieder spürbar zu machen, aber gleichzeitig Ihre Sensibilität und Ihr weibliches Einfühlungsvermögen einzusetzen. In den meisten Situationen ein echter Erfolgsgarant!

KARTOFFEL

Farbe: braun
Signatur der Erdkraft, vitalisiert, stärkt den Realitätssinn und das Körperbewusstsein.

Form: rund
Vermittelt Schutz und Geborgenheit, betont die Gefühlswelt. Beruhigt die Nerven, wirkt stressabbauend und verstärkt die Intuition.

Geschmack: deftig, herzhaft (gekocht/gebacken)
Zeigt die Erdkraft an, vitalisiert, bringt »mit beiden Beinen auf den Boden«.

Bisher erforschte Hauptinhaltsstoffe: Magnesium, Kalium, Phosphate, Natrium, Kalzium, Kalium, Niazin, Vitamin C, B-Vitamine, Spurenelemente, Folsäure, Zink, Molybdän, Chrom.
Unterstützt den Knochenaufbau, kräftigt Herz, Kreislauf und Muskeln, aktiviert Stoffwechsel, Wachstum und Hormonproduktion, reguliert Wasserhaushalt und Verdauung, sorgt für geistige Frische und für allgemein kraftvolle Körperfunktionen.

Mit der Kartoffel verbinden wir Bilder vom ländlichen Leben, von Bauern mit ihrer Erdverbundenheit, Bodenständigkeit und Kraft für schwere körperliche Arbeit. Und tatsächlich übermitteln Kartoffeln so konzentriert wie kaum ein anderes Gemüse die Botschaften der Mutter Erde, in der sie heranreifen.

Die »tolle Knolle« ist das ideale Nahrungsmittel für Menschen, denen der »Bodenkontakt« fehlt. Wenn sich Kinder durch verschiedenste Umstände vernachlässigt oder unglücklich fühlen, flüchten sie sich oft aus der unliebsamen Gegenwart in Traumwelten, die weit über das normale Maß an kindlicher Fantasie hinausgehen. So zog letztes Jahr eine neue Familie in unser Nachbarhaus. Ihr siebenjähriger Sohn Mike war bis dahin immer ein süßer, aufgeweckter, rotzfrecher Bengel gewesen, der auf seinem Fahrrad die Straßen auf und ab donnerte und immer von einem ganzen Pulk von Freunden umgeben war. Bald nach dem Umzug begann er, sich stundenlang auf den Birnbaum im Garten zu verziehen. Beim Essen musste man ihn immer mehrmals ansprechen, bis er traumverloren seinen Blick auf einen richtete und sich sichtlich erst wieder sammeln musste. Auf Nachfragen reagierte er abweisend und fast ärgerlich. Schließlich rief seine Lehrerin zu Hause an, weil er in der Schule meist nur vor sich hin träumte. In dem Gespräch mit der Lehrerin erfuhren die Eltern nebenbei, dass Mike von den anderen Kindern wegen seines schwäbischen Dialekts gehänselt und ausgeschlossen wurde. Zusammen mit dem Abschied von seinen alten Freunden, von der Oma, die vorher nebenan gewohnt hatte, und von der ganzen vertrauten Umgebung ergab sich eine Situation, mit der Mike allein nicht fertig wurde. Über seine Not sprach er nicht, weil die Oma ihm beim Abschied sagte, er solle ihr zeigen, dass er richtig tapfer sein könne, und seinen Eltern keinen Kummer bereite. Hier könnte eine »Kartoffeldiät« die Bemühungen der Eltern kräftig unterstützen, Mike in seiner neuen Umgebung heimisch zu machen: Kartoffelbrei, leckere Aufläufe, feine Gratins und deftige oder süße Knödel helfen Kindern mit ihrer Erdnähe und Bodenständigkeit, sich aus ihren Traumwelten zu lösen und sich der realen Gegenwart zu stellen. Die schützenden und Geborgenheit vermittelnden Energien der runden Erdfrucht erleichtern dies auf natürliche und nachhaltige Weise. Dazu kommt, dass die Kartoffel konzentrierte Vitalkraft in den Körper schickt, die gerade Kinder offen ausagieren wollen. Wenn auch der Geist noch zum stillen Tagträumen neigt, der Körper drängt unwiderstehlich nach Spielen, Toben und körperlicher Aktivität. Damit Mike sich leichter tut, sich seinen Eltern zu öffnen und über seine Gefühle zu sprechen, sollten den Kartoffeln die Geborgenheit und Fröhlichkeit schenkende Kraft des Kürbis (Seite 57) und der kommunikationsfördernde Mais (Seite 33) beigesellt werden.

Noch ein Wort zu Kartoffeln in Form von Chips und Pommes frites: Der hohe Fettgehalt dieser Speisen ist nicht nur ungesund, er macht auch dick – und dicke Träumer haben dann noch ein Problem mehr, mit dem sie fertig werden müssen. Außerdem zerstören die hohen Frittiertemperaturen einen Großteil der Vitalstoffe, und die künstlichen Aromastoffe für Paprika- und Käsegeschmack machen weder Körper noch Seele glücklich. Doch natürlich gilt hier wie so oft: Werden sie ab und zu genossen, ist auch gegen Chips und Pommes nichts einzuwenden.

- Verhilft Träumern zu mehr »Bodenkontakt«,
- erleichtert es »Realitäts-Flüchtlingen«, sich den Tatsachen zu stellen,
- unterstützt die Eingewöhnung in einen neuen Lebensraum, zum Beispiel nach einem Umzug,
- vitalisiert und stärkt.

Stellen Sie sich vor, ein Freund von Ihnen ist seit einiger Zeit arbeitslos. Seine Bewerbungen wurden durchweg abgelehnt, und inzwischen schreibt er gar keine mehr. Dennoch scheint er gar nicht frustriert – im Gegenteil, plötzlich ist er voller Ideen: Er erzählt von hochfliegenden Plänen, wie und womit er sich selbständig machen wird, von innovativen Geschäftsideen und bombensicheren Investitionen, mit denen er sich eine goldene Nase verdienen wird. Er telefoniert unglaublich viel herum, stellt Informationsmaterial zusammen, entwirft Werbestrategien und versucht, Kontakte zu knüpfen. Doch wenn Sie sich seine Ambitionen und Aktivitäten genau ansehen, wird Ihnen vielleicht auffallen, dass nichts davon wirklich seinen Fähigkeiten oder Kenntnissen entspricht, das benötigte Kapital seine Verhältnisse bei weitem übersteigt oder die Pläne nicht wirklich durchdacht sind. In Wahrheit leidet Ihr Freund viel mehr unter der Situation, als er sich anmerken lässt. Die Enttäuschungen der vielen Absagen lassen ihn sich als Versager fühlen. Und seine scheinbare Tatkraft und Motivation ist in Wirklichkeit die Flucht in strahlende Erfolgs-Luftschlösser.

Sie helfen Ihrem Freund am besten, wenn Sie dieses Fluchtverhalten erkennen und ihn das mit viel Fingerspitzengefühl wissen lassen. Und während Sie dampfende Folienkartoffeln mit viel Knoblauch-Sauerrahm futtern, können Sie vielleicht zusammen Schlachtpläne für eine realistische Zukunftsbildung entwerfen. Damit helfen Sie Ihrem Freund, sich von seinem seelischen Stress zu befreien, seine Nerven zu beruhigen und sich der Herausforderung seiner Realität zu stellen. Wenn er dann nach Ihrem Gespräch und vor einem leer gegessenen Teller mit beiden Beinen wieder auf dem Boden steht, wieder »Boden unter den Füßen« hat, könnte ein Salat aus roten Zutaten (Willenskraft, Durchsetzungsvermögen) mit viel Petersilie (Mut, siehe Seite 106) der wirksame Impuls für die tatsächliche Umsetzung sein.

ROTE PAPRIKA (PEPERONI)

Farbe: rot
Signatur für das emotionale Herz, also Liebe, Zuneigung und Leidenschaft. Rot steht für aktives Nach-außen-Tragen von Gefühlen und Überzeugungen, überwindet Hemmungen, stärkt den Willen und die Tatkraft, den Kampfgeist und das Selbstbewusstsein.
Wirkt unterstützend für Herz, Kreislauf und Blutbildung, stärkt die Sexualkraft.

Form: rundlich
Vermittelt Schutz und Geborgenheit, betont die Gefühlswelt.
Beruhigt die Nerven, wirkt stressabbauend und verstärkt die Intuition.

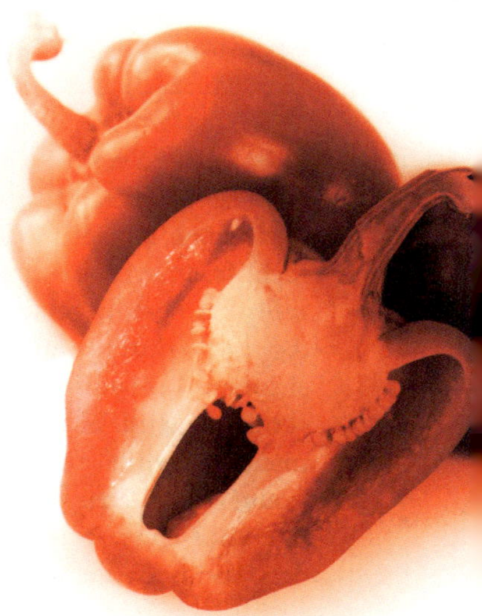

Geschmack: süßlich
Weist auf Energien hin, die harmonisieren, das innere Gleichgewicht und die Stabilität wieder herstellen. Beruhigt die Nerven, hilft, Stress gut zu verarbeiten, und hellt die Stimmung auf.
Hebt körperliches und geistiges Leistungsvermögen.

Bisher erforschte Hauptinhaltsstoffe: Capsaicin, Karotene, Vitamin C, A, B_6, Zink.
Behebt Durchblutungsstörungen, lindert Venenleiden, beugt Migräne vor, stärkt Schleimhäute, Bindegewebe, Sexualkraft, Leidenschaft, Herz und Kreislauf, verbessert die Konzentrationsfähigkeit, wirkt immunstärkend.

Nach der F-F-G-Formel besitzt die rote Paprika nahezu die gleichen Tugenden wie die Tomate: Sie leistet in allen Herzensangelegenheiten gute Dienste, stärkt Leidenschaft, Sexualkraft und Fruchtbarkeit, den Willen und das Durchsetzungsvermögen.

Aber die Paprika verfügt über ein paar weitere Signaturen und damit zusätzliche helfende Energien. Zwar ist ihre Form rundlich, aber sie ist in »Kammern« unterteilt, die ihr das charakteristische Aussehen verleihen. Wenn Sie diese Form mit dem Finger in der Luft nachzeichnen, machen Sie eine schwingende Wellenbewegung. Bei schwingenden Formen ist der Name Programm: Sie sind ein Zeichen für besonders starke Schwingungen. Die wellige Gestalt der Paprika signalisiert uns also, dass sie Trägerin eines besonders hohen Gehalts an Lebensenergie ist. Auf körperlicher Ebene drückt sich das insbesondere durch den hohen Anteil an lebensverlängernden Antioxidantien aus. Feinstofflich bedeutet es einen hoch konzentrierten Schub an lebensbejahenden Energien.

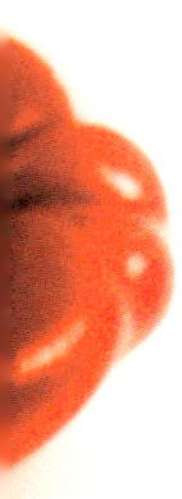

Aber damit nicht genug. Im Gegensatz zur Tomate ist die Paprika innen hohl. Eine weitere Signatur für besondere Energieträger. Hohle Stengel finden wir öfter in der Natur, etwa beim Schnittlauch oder beim Löwenzahn. Solche »vertikalen« Energieträger verbinden Himmel und Erde, das heißt, sie unterstützen den Energieaustausch zwischen Intuition und Realitätssinn. Kugelige oder »horizontale« Energieträger wie die Früchte der Paprikapflanze sind selten und bieten etwas sehr Spezielles: Sie schaffen in Ihrem Inneren – sei es in Ihrem Geist oder in Ihrer Seele – den Raum und geben die Kraft, lebensbejahendes Neues hervorzubringen: in Form von Ideen, Projekten, Handlungen, Worten, Methoden,

Produkten, Einsichten, Verhaltensweisen usw. Dabei bedeutet »Neues« nicht unbedingt, dass es sich um etwas auf der ganzen Welt noch nie Dagewesenes handelt, sondern etwas, das speziell für Sie neu ist. Man könnte auch einfach sagen: Die Paprika weckt und stärkt auf ganz besondere Weise Ihre Kreativität, wobei das Wort hier im umfassenden Sinn von »Erschaffenskraft« gebraucht ist und nicht nur künstlerische Veranlagungen meint. Die Paprika zeigt Ihnen das manchmal ganz bildlich: Kaufen Sie viele Paprika und schneiden Sie alle auf (zum Beispiel für eine große Schüssel energiegeladenen Salat). Mit etwas Glück werden Sie im Inneren mancher Früchte eine winzig kleine neue Paprika entdecken, wie ein Baby im Mutterleib. Genau so wirkt diese Energie in Ihnen: Sie hilft Ihnen, in Ihrem Inneren Raum für positive Veränderungen zu schaffen und diese wachsen zu lassen.

- Regt Lust und Liebe an,
- schenkt lebensbejahende Energien zum Beispiel bei Depressionen oder Lebenskrisen,
- hilft, in Ihnen Raum für positive Veränderungen zu schaffen, etwa neue Verhaltensweisen, Ideen, Projekte,
- verleiht Kraft und Energie, um die gesteckten Ziele zu erreichen.

Paprika sollte Ihr guter und häufig genossener Küchengeist sein, wenn Sie in Ihrem Leben bewusst Veränderungen angehen wollen. Zum Beispiel wenn Sie ein Persönlichkeitsbildungsseminar oder eine Eheberatung machen beziehungsweise gemacht haben und nun mit Situationen oder Menschen anders umgehen wollen. In diesem Fall wären gelbe Paprika ideal, denn zusätzlich zu der beschriebenen Eigenschaft, Ihnen als »Entwicklungshelfer« zur Seite zu stehen, hilft die Farbe Gelb, sich von alten Mustern und Denkweisen zu lösen. Rote Paprika kommen besonders dann zum Einsatz, wenn Sie viel Kraft und Willen aufbringen müssen, um Ihr neues Ziel zu erreichen oder die Veränderung beizubehalten. Und wenn es bei der Veränderung um einen liebevolleren Umgang miteinander geht oder um das Wiederaufwecken beziehungsweise Bewusstwerden von liebevollen Gefühlen, eignen sich rote Paprika in Verbindung mit gelben bestens. Sollte in der Beziehung allerdings Jähzorn und Aggression eines der Hauptprobleme darstellen, ersetzen Sie die rote Paprika durch grüne. Grün beruhigt, bringt wieder ins Geichgewicht und macht besonnen, was in diesem Fall Priorität hätte.

Als Heilgemüse ersten Ranges können Sie mit der Paprika auch sich oder andere bei schweren Krankheitsprozessen unterstützen. Die stark lebensbejahenden Energien geben die Kraft, nicht aufzugeben und positiv zu denken. Mit der Botschaft der Paprika fällt es auch leichter, sich mit den seelischen Ursachen der Erkrankung auseinander zu setzen und daraus neue, heilende Erkenntnisse zu schöpfen. Rote Paprika motivieren dabei zur tatkräftigen Umsetzung; gelbe Paprika helfen, alte Muster zu verabschieden und über belastende Dinge oder Ängste zu sprechen; und die grüne Gemüsefrucht stärkt die innere Belastbarkeit, die bei solchen Dauerstresssituationen aufs äußerste gefordert wird.

Menschen in kreativen Berufen profitieren ebenfalls von den schöpferischen Paprikaenergien. Ob Schriftsteller, Künstlerin, Werbetexter, Architektin, Forscher oder Regisseurin – sie alle verdienen mit dem »Gebären« von Neuem ihren Lebensunterhalt. Ein guter Grund, um sich möglichst häufig von einer knackigen Muse namens Paprika inspirieren und assistieren zu lassen.

CHILI

Farbe: rot
Signatur für das emotionale Herz, also Liebe, Zuneigung und Leidenschaft. Rot steht für aktives Nach-außen-Tragen von Gefühlen und Überzeugungen, überwindet Hemmungen, stärkt den Willen und die Tatkraft, den Kampfgeist und das Selbstbewusstsein.
Wirkt unterstützend für Herz, Kreislauf und Blutbildung, stärkt die Sexualkraft.

Form: länglich
Macht aktiv, tatkräftig, extrovertiert, regt den Verstand an und steigert die Potenz.

Geschmack: scharf
Fördert Sexualkraft und Libido, macht

Feuer unterm Hintern, reinigt Körper,
Geist und Seele.

Bisher erforschte Hauptinhaltsstoffe: Capsaicin, Karotine, Vitamin C. Belebt die Durchblutung, beugt Migräne vor, stärkt Sexualkraft, Leidenschaft, Herz und Kreislauf, wirkt immunstärkend.

Chilis, die scharfen Verwandten der Paprika, gibt es in vielen verschiedenen Sorten – aber allen ist eines gemeinsam: Sie sind scharf! In diesem Kapitel konzentrieren wir uns auf die bei uns gebräuchlichste Sorte: die kleine, rote, höllisch scharfe Chili, aus der auch der Cayennepfeffer gewonnen wird.

Ein kleines Stück oder eine Prise des Pulvers genügen, um Ihnen klar zu machen, was das Spezialgebiet der Chili ist: Ihnen wird heiß – und Ihre Sinne werden regelrecht in Brand gesetzt. Der hoch konzentrierte Wirkstoff Capsaicin erhöht sogleich die Durchblutung und stimuliert das Gesamtzusammenspiel des Organismus. Damit bereitet er Ihren Körper perfekt auf das Feuer der Leidenschaft vor, das die Chili so raffiniert anfacht: Nach den ersten Bissen des mit Chili gewürzten Gerichts breitet sich im Körper eine wohlige Wärme aus. Sie und der Partner, mit dem Sie eine heiße Liebesnacht geplant haben, entspannen sich sichtlich. Die reinigende Kraft der Schärfe hilft zusätzlich dabei, negative Alltagsgedanken leichter und schneller abzuschütteln.

Noch eine Gabel voll Chilienergie, und der nächste Schritt im ausgeklügelten Plan zur Erweckung der Leidenschaft tritt in Kraft: Wie Muskeln, die durch Aufwärmen geschmeidiger werden, kommen all Ihre Sinne in Schwung. Sie werden im wahrsten Sinn des Wortes »geschärft«. Sie nehmen den Hautgeruch des anderen stärker wahr, werden hellwach für all die kleinen Signale, die Ihr Gegenüber aussendet, eine zufällige Berührung fühlt sich wie ein elektrisierender Stromstoß an, der durch den ganzen Körper geht. Nun kommen auch die Kräfte der anderen Chilisignaturen zum Zug: Die rote Farbenergie stimuliert die Gefühle, löst Hemmungen und aktiviert zusammen mit der länglichen Form Libido und Tatkraft. Wie bei der Paprika zeigt der Hohlraum im Inneren der Chili an, dass hier geballte Vitalität und Lebenskraft übertragen wird, die nach außen drängt und sich verströmen will. Kurz: Das Begehren und die Lust, es auszuleben, sind geweckt.

Es ist allerdings sehr wichtig, dass Sie beim Entzünden der Leidenschaftlichkeit Fingerspitzengefühl walten lassen; durch gut gemeintes Überdosieren im Sinne von »Noch mehr Chili für noch mehr Feuer« kann die Wirkung leicht zunichte gemacht werden.

Zu heißes Feuer verbrennt die Lust im Nu zu Asche, denn dann sitzt Ihr Liebesgespiele nur noch mit tränenden Augen und nach Luft schnappend am Tisch und versucht den Brand in Mund und Sinnen mit literweise Flüssigkeit zu löschen.

Wenn Sie übrigens die weibliche Seite der Lusterweckung betonen möchten, verwenden Sie die runde Kirschpaprika.

Doch die Chili kann weit mehr als zu Sex und Lust anstacheln. Sie ist auch ein segensreicher Nothelfer in allen Schocksituationen, in denen Ihnen »fast das Herz stehen geblieben ist« oder es Ihnen war, als ob »eine kalte Hand« nach Ihrem Herzen gegriffen hat. Mit ihrem lebensbejahenden Feuer, den konzentrierten Vitalkräften und dem heftigen Effekt des inneren Wachrüttelns kann die kleine Scharfe Großes leisten. In einem solchen Schockzustand des Herzens scheint alles in uns still zu stehen, jedes Gefühl, jede andere Wahrnehmung, jeder Gedanke außerhalb des Schockerlebnisses scheint zum Erliegen gekommen zu sein. In einem solchen Zustand sorgt die Chili dafür, dass die Seele wieder mit essenzieller Lebenskraft »durchblutet« wird, und taut die erstarrten Gefühle mit ihrer durchdringenden Hitze auf.

- Ist ein »Scharfmacher« ersten Ranges und
- hilft bei schockähnlichen Zuständen, in denen einem fast »das Herz stehen geblieben ist«.

Da man in einem Schockzustand in den seltensten Fällen etwas essen mag, eignet sich ein Erster-Hilfe-Schluck weitaus besser. Bereiten Sie sich auf Vorrat einen Chili-Rum zu: Geben Sie in ein Gefäß mit weiter Öffnung (z.B. ein großes Gurkenglas) eine aufgeschnittene Vanillestange sowie sechs aufgeschnittene getrocknete Chilischoten, drei Zimtstangen, drei Nelken und drei Kardamomkapseln. Das Ganze übergießen Sie mit einer Flasche gutem dunklem Rum und lassen es kühl und dunkel mindestens eine Woche ziehen. So haben Sie stets eine erstklassige Heilmedizin für Notlagen griffbereit.

Auch hier ist besonders interessant, wie sehr Körperebene und Seelenebene miteinander korrespondieren: Amerikanische Ärzte empfehlen schon seit längerem, als häusliche Erste-Hilfe-Maßnahme bei Herzinfarkt einen Teelöffel Cayennepfeffer mit Wasser vermischt einzuflößen.

KAROTTE

Farbe: orange
Hebt die Lebenslust und Fröhlichkeit, löst Ängste und Depressionen, macht optimistisch, stärkt Toleranz und Weltoffenheit sowie die Kreativität.
Fördert Verdauung und Stoffwechsel sowie die Blasentätigkeit.

Form: länglich
Macht aktiv, tatkräftig, extrovertiert, regt den Verstand an und steigert die Potenz.

Geschmack: süßlich
Weist auf Energien hin, die harmonisieren, das innere Gleichgewicht und die Stabilität wieder herstellen. Beruhigt die Nerven, hilft, Stress gut zu verarbeiten, und hellt die Stimmung auf.
Hebt körperliches und geistiges Leistungsvermögen.

Bisher erforschte Hauptinhaltsstoffe: Selen, Beta-Karotin, Vitamin A und E, Eisen, Zink, Schilddrüsenhormone.
Wirkt verjüngend und immunstärkend, sorgt für schöne Haut, Haare und Nägel, verbessert die Sehfähigkeit, stärkt Herz, Kreislauf und Schleimhäute, erhöht die Zeugungsfähigkeit des Mannes.

Eigentlich müsste es »der« Karotte heißen, denn Karotten sind männlich betonte Wurzelgemüse. Um genau zu sein, erinnern sie an fröhliche Jungs, die sich austoben wollen, die äußerst robust sind und die nichts so leicht umwirft: Die festen, knackigen und saftigen Karotten bergen die Kraft der Jugend. Ihre orange Farbe zeigt die unbeschwert-fröhlichen Energien an, die in ihnen stecken. Da sie in der Erde heranreifen, wirkt in ihnen gleichzeitig die ganze Vitalität und Stärke der Erdkraft. Zusammen mit der Phallusform und der Signatur für fruchtbarkeitssteigernde Kräfte – die Möhrenpflanze produziert eine große Menge an Samen – erweist sich die Karotte als jugendlicher Energielieferant für männliche Potenz und Zeugungsfähigkeit.

Die Karotte ist ein guter Begleiter für zu stille, stark in sich gekehrte Kinder, die lieber mit Erwachsenen zusammen sind als mit Altersgenossen, oder für junge Männer, die die meiste Zeit vor dem Computer oder bei schwermütigem Grübeln in ihrem Zimmer verbringen. Die farbenfrohe Kraftwurzel schenkt optimistische Leichtigkeit, gute Laune und motiviert zu körperlicher Aktivität. Außerdem unterstützt der Vitamin-A-Reichtum der Rübe die vom Bildschirmstarren angestrengten Augen.

Auch Frauen, die einem weiteren runden Geburtstag schweren Herzens entgegensehen, sollten fleißig Möhrchen knabbern. Nach einigen Tagen Karottengenuss in jeglicher Darreichungsform zeigen die jugendlichen Energien körperlich und seelisch Wirkung: Frau fühlt sich jung, aktiv, voller Schwung und Lebensfreude. Das Aussehen strahlt gleich mit und wirft das innere Bild im Spiegel zurück: Die Haare glänzen, die Haut schimmert frisch, und die Augen funkeln. Und das hebt die gute Laune gleich nochmal. Eine gute Ergänzung zu dieser »Kur« sind gelbe Paprika, die positive Energien für Veränderungen schenken und zu neuen Ideen und Vorhaben inspirieren.

Falls die zu bekochende Frau gerade keinen Liebespartner hat, sollten rote Paprika sowie alle roten Früchte und Gemüse wie auch scharfe Gewürze sparsam eingesetzt werden! Ein wenig Chili oder einige Erdbeeren können durchaus hilfreich sein, um allenfalls vorhandenem Selbstmitleid »Feuer unterm Hintern« zu machen und es in produktive Aktivität umzuwandeln. Zu viel Zufuhr von Liebes- und Lustenergie allerdings, die dann von frau nach außen getragen, aber nicht befriedigt wird, könnte in der sensiblen Lage gerade das Gegenteil bewirken: Sie fühlt sich abgelehnt, nicht mehr begehrenswert und in ihren Ängsten bezüglich des Älterwerdens nachhaltig bestätigt.

- Schenkt unbeschwert-fröhliche Energien zum Beispiel für sehr in sich gekehrte Kinder,
- für Frauen zwischen 35 und 55, deren weibliches Selbstwertgefühl leidet,
- damit Männer Sex entspannter genießen können,
- steigert die Fruchtbarkeit.

Vielleicht fragen Sie sich, wie die Natur bei der Karotte dazu kommt, ausgeprägte Fröhlichkeit ausgerechnet mit potenz- und fruchtbarkeitssteigernden Energien zusammenzuspannen. Wenn

Sie Frauen fragen, wann ihnen Sex am meisten Spaß gemacht hat, dann werden Sie mit Sicherheit unter anderem auch hören: »Wenn ich im Bett mit dem Mann auch lachen konnte.« Und ebenso finden es Männer herrlich, nicht durch verbissenen Ernst beim Sex Leistungsneurosen zu entwickeln, sondern ganz entspannt dem Spieltrieb freien Lauf zu lassen ...

Wenn Sie sich ein Kind wünschen, setzen Sie auf die Hilfe der fröhlich-fruchtbarkeitssteigernden Karottenenergie! Ein neues Leben in die Welt zu bringen ist ein frohes Ereignis – genauso ist Lebensfreude ein ausgesprochen passender Rahmen, um neues Leben entstehen zu lassen.

KOPFSALAT

Farbe: grün
Bringt in die eigene Mitte, stabilisiert und entspannt, wirkt ausgleichend und regenerierend.
Vermittelt Zufriedenheit und Wohlgefühl.
Bei allen Störungen der Atemwege sowie bei Krampfzuständen.

Form: rund
Vermittelt Schutz und Geborgenheit, betont die Gefühlswelt.
Beruhigt die Nerven, wirkt stressabbauend und verstärkt die Intuition.

Geschmack: süß-bitter (sehr mild)
Süß: Weist auf Energien hin, die harmonisieren, das innere Gleichgewicht und die Stabilität wieder herstellen. Beruhigt die Nerven, hilft, Stress gut zu verarbeiten, und hellt die Stimmung auf.
Hebt körperliches und geistiges Leistungsvermögen.
Bitter: hilft, sich zusammenzunehmen, Haltung zu bewahren und mit Schreck-, Schock- und Stresssituationen fertig zu werden. Warnt vor Einnahme zu großer Mengen.
Regt das Verdauungssystem an.

Bisher erforschte Hauptinhaltsstoffe: Lactucerol, Carotin, Vitamin B_1, B_2, C, Folsäure, Kalzium, Kalium, Natrium, Phosphor, Eisen, Kupfer, Jod, Mangan, Selen, Chlorophyll, Eiweiß, Ballaststoffe.
Wirkt beruhigend, schlaffördernd, blutdrucksenkend, bei Verstopfung, Herz- und Nierenleiden, stärkt Konzentration und Immunsystem, zellschützend.

Für die einen ist Salat bloß »Kaninchenfutter«, für andere ein leidiges Muss der schlanken Linie zuliebe, und wiederum für andere ist er ein unverzichtbares Highlight auf dem Speisezettel. Zu welcher Fraktion auch immer Sie sich zählen – nach diesem Kapitel werden die knackigen grünen Blätter für Sie eine völlig neue Dimension bekommen!

Hätten Sie gedacht, dass der Salat, der scheinbar nur so nebenbei Ihre Mahlzeit begleitet, als »Bodyguard« für Ihre Psyche fungiert? Dabei ist er nicht der bullige Schläger, der Angriffen auf Ihr Seelenleben mit geballten Fäusten entgegentritt. Seine Unterstützung ist so behutsam wie sein Geschmack und gleichzeitig so kraftvoll und stabil wie der Sitz des kompakten Blätterkopfs auf der Erde und wie der starke, dicke Pflanzenstengel, der schließlich in das dicht geschützte Herz der Salatrosette übergeht. Die optimistisch stimmende, ausgleichende Salatenergie hilft Ihnen, im Alltagsstress Ihr seelisches Gleichgewicht zu behalten. Entsprechend dem Bild der Blätter, die sich dicht überlappend um sein Herz legen, aktiviert der Salat die Schutzwehr Ihrer Psyche. Die unumgänglichen kleinen Erschütterungen in Beruf und Privatleben werden von regelmäßigen Salatessern deshalb besser abgefedert. Dass Kopfsalat gut für Ihr Nervenkostüm ist, macht nicht nur seine runde Form deutlich. Sehen Sie sich einmal die Blätter etwas genauer an: Sie tragen eine Zeichnung, die an unser verzweigtes Nervensystem erinnert, und weist die Grünpflanze für den Signaturenleser damit ganz klar als Nervenmittel aus.

Zu seiner Hochform läuft der sanfte Bodyguard aber erst auf, wenn aus einem Wind eine steife Brise wird: wenn Ihnen etwas passiert, bei dem Sie vor Ungläubigkeit und Entrüstung seelisch fast »der Schlag trifft«, Sie völlig außer sich sind, fassungslos oder vor Schreck wie gelähmt – kurz, wenn Sie nicht mehr fähig sind, angemessen zu denken und zu handeln (und sind es nicht gerade diese Momente, in denen wir unbedingt reagieren müssten?). In solchen Situationen wirkt die Energie des Salats wie die Hand eines freundlichen Begleiters, die so sachte wie wirksam Ihr Rückrat stützt. Behutsam bringt er Sie wieder in Ihre Mitte, beruhigt und stabilisiert. Er hilft Ihnen, Haltung zu bewahren, sich schnellstmöglich wieder zu fassen und – falls es wichtig für Sie ist – Ihr Gesicht nicht zu verlieren. Unterstützt durch die Schwingung Ihres grünen Begleiters fällt es Ihnen auch deutlich leichter, die Kontrolle über Ihr Denkvermögen und über Ihre weichen Knie wiederzuerlangen. Eine fantastische Unterstützung in akuten Krisensituationen, die aber nur eine »Hilfe zur Selbsthilfe« ist. Die Botschaft des Kopfsalats wirkt lediglich als Erste-Hilfe-Mittel bei schockähnlichen Stresszuständen und unterstützt Sie darin, trotz der Belastung nach Ihrem Wunsch und Ermessen reagieren zu können. Die Kraft, die es dann für die entsprechende Reaktion tatsächlich braucht, die nötige Diplomatie, Durchsetzungskraft oder Zurückhaltung liegen nicht mehr in seinem Einflussbereich. Dazu empfiehlt es sich, den Kopfalat mit anderen Frucht-, Gemüse- und Kräuterzutaten gezielt in die gewünschte Wirkrichtung »aufzupeppen«.

- Für seelisches Gleichgewicht im Alltagsstress,
- beruhigt und hilft, einen kühlen Kopf zu bewahren,
- verstärkt die Wirkung anderer Zutaten.

Außerdem ist es nützlich, sich daran zu erinnern, dass sehr milde, fast neutrale Geschmacksrichtungen einer Pflanze darauf hindeuten, dass sie für andere Geschmacksbotschaften als Verstärker dient. Stellen Sie sich vor, Sie sind ein unerfahrener, sozusagen noch jungfräulicher Mann und kommen endlich mit der Frau zusammen, die Sie schon lange sehnsüchtig umschwirren. Eigentlich etwas Wunderbares, aber die Geschichte hat einen Haken: Ihre Freundin hat schon mehr Erfahrung im Bett, und die Vorstellung, Sie könnten ihr nicht genügen, treibt Ihnen jetzt schon den Angstschweiß auf die Stirn. Sie wissen, am nächsten Samstag ist Ihr großer Tag, und Ihnen ist völlig klar, dass durch Ihre eigene Angstvorstellung das Versagen fast schon vorprogrammiert ist ... Pfeifen Sie auf Cheeseburger, Döner und Currywurst! Ihr bester Freund ist jetzt der Salat, und bis Samstag haben Sie noch ausreichend Zeit, einige Schüsseln mit einer wahrhaft magischen Mischung zu verdrücken: In den Kopfsalat (löst Angst und Stress, macht wieder handlungsfähig, verstärkt die Wirkung der anderen Zutaten) schnipseln Sie rote Paprika und Tomaten (für Sexualkraft und Leidenschaft), tüchtig Karotten (machen optimistisch, potenzfördernd, nehmen Versagensängste) und einen roten Apfel (macht einfühlsam und verstärkt die Herzensenergie). Besser gerüstet können Sie nicht »in den Kampf« gehen!

Meistens sind solche Seelenstürme aber nicht vorherzusehen, und darum sollten Sie einfach als Präventivmaßnahme öfter einmal eine raffiniert angerichtete Portion Kopfsalat verspeisen.

Die Botschaft des Kopfsalats können Sie sich übrigens ganz leicht merken, denn sein Name ist Programm: »Nicht den Kopf verlieren!«

KNOBLAUCH

Farbe: weiß
Steht für Reinheit, Neutralität, Mond, Intuition, Unterbewusstsein, Reflexion.

Form: rund
Vermittelt Schutz und Geborgenheit, betont die Gefühlswelt. Beruhigt die Nerven, wirkt stressabbauend und verstärkt die Intuition.

Geschmack: scharf
Fördert Sexualkraft und Libido, macht Feuer »unterm Hintern«, reinigt Körper, Geist und Seele.

Bisher erforschte Hauptinhaltsstoffe: Allizin, Selen, ätherische Öle
Tötet Darmbakterien und Pilze; wirkt antibakteriell, verjüngt, entschlackt, entgiftet, wirkt durchblutungsfördernd und allgemein vitalisierend.

Viele denken, wenn das Wort »Vampir« fällt, unweigerlich an Knoblauch. An ganze Zöpfe, Ketten und Girlanden von Knoblauch, die Bett und Tür einer zarten Jungfrau säumen, um den hohlwangigen Grafen Dracula davon abzuhalten, seine weißen Beißer in ihren Hals zu versenken. Der Stoff der fantasievollen Horrorgeschichten um Dracula und andere Vampire entstammt Überlieferungen aus einer Zeit, da es ein übliches Verfahren war, als Abwehrmittel gegen nicht fassbare Übel, Schreckgespenster, Dämonen und all ihre Verwandten Knoblauch aufzuhängen. Dieser Brauch geht auf uraltes Wissen um die Eigenschaften der Pflanzen zurück und hat wie das meiste Brauchtum handfeste Gründe. Mit Hilfe der Signaturlehre können Sie leicht nachvollziehen, warum dem Knoblauch eine so tragende Rolle als Schutzpflanze zukam: Sein hervorstechendstes Merkmal ist sein durchdringender Geruch. Dieser wehrt nicht nur Wühlmäuse und andere Schädlinge im Gemüsegarten erfolgreich ab, auch die Menschen reagieren auf den markanten »Duft«, so er nicht aus der Küche einer Pizzeria dringt, mit Abstand und Rückzug. Scharfer Geruch und Geschmack deuten auf reinigende Eigenschaften hin. Und tatsächlich hat die moderne Wissenschaft festgestellt, dass Knoblauch wie eine Wunderwaffe im menschlichen Organismus wirkt. Gegen alle möglichen niederträchtigen Lebewesen wie Parasiten, Viren und Bakterien, die sich Zugang zu unserem Körper verschafft haben, zieht er zu Feld. Und nebenbei bringt er unser Immunsystem so in Topform, dass es den nächsten Angriff schon im Vorhinein abwehren kann. Wie immer kann man die Pflanzenwirkung auf der körperlichen Ebene auch auf den geistig-seelischen Bereich übertragen: Knoblauch wehrt also schädliche Einflüsse jeder Art ab und reinigt Gedanken, Gefühle und Sinneswahrnehmungen.

Seine Farbsignatur – Weiß ist die Farbe der Reinheit und der Unschuld – unterstreicht die Fähigkeit zur Reinigung und Abwehr alles Negativen. Die runde Form und die mehrfach umhüllenden Schalen beziehungsweise Häute zeigen die Schutzwirkung an. Und dass es sich um ein äußerst stark wirkendes Mittel handelt, riechen Sie schon von weitem.

Knoblauch brauchen Sie nicht nur für Ihren Sommerurlaub in einer Friedhofsgruft in Transsylvanien. Auf so genannte Energievampire treffen Sie in Ihrem täglichen Umfeld – im Job wie auch privat. Kennen Sie das? Jedes Mal, wenn Sie sich mit einer Bekannten auf einen Cappuccino treffen, haben Sie nach dem Gespräch das Gefühl, völlig erschöpft zu sein. Sie fühlen sich wie ausgesaugt und verstehen gar nicht, woran das liegt. Oder der Kollege, der immer unheimlich hilfsbereit ist und ihnen im Büro jedes Mal einen Kaffee mitbringt und dennoch irgendwie ermüdend auf Sie wirkt. Am liebsten gingen Sie kurz an die frische Luft, aber Sie teilen sich nun mal das Büro mit ihm ...

»Energievampire« sind Menschen, die sich ungebeten und oft klammheimlich von Ihnen Aufmerksamkeit und Zuwendung holen, daraus Kraft schöpfen, aber nichts zurückgeben. Beim Kaffeeklatsch mit der Bekannten geht es genau besehen immer nur um deren Belange und Probleme. Für Ihre Bedürfnisse bleibt wenig bis kein Raum, und sie lenkt das Gespräch zielsicher immer wieder auf sich. Ratschläge Ihrerseits werden zwar dankbar angenommen, laufen im Grunde aber völlig ins Leere, weil Ihr Gegenüber nicht wirklich an Lösungen, sondern nur an der Zuwendung interessiert ist, die Sie auf sie verwenden. Und die ständige Hilfsbereitschaft des Kollegen ist lediglich ein Deckmantel, um Ihre Aufmerksamkeit so oft wie möglich zu beanspruchen, aber tatsächlich hilft er Ihnen nicht, sondern stört Sie in Ihrer Konzentration und hält Sie von Ihren eigenen Aufgaben ab.

Dies sind nur zwei Beispiele für viele Formen der Energieräuberei, die aber immer dem gleichen Prinzip folgen: Es findet kein Austausch statt, sondern ein einseitiges Benutzen, das Sie auf die Dauer viel Kraft kostet. In solchen Situationen hilft Ihnen Knoblauch, sich abzugrenzen, zu schützen und Ihre Kraftreserven wieder aufzufüllen.

- Wehrt schädliche Einflüsse ab,
- schützt vor »Energievampiren«,
- löst Fixierungen,
- hebt die Lust und das sexuelle Selbstbewusstsein, »Nein« zu sagen.

Auch wenn Sie mit Ihren eigenen »Dämonen« kämpfen, ist Knoblauch Ihr weißer Ritter: Ihre Tochter ist zum ersten Mal allein mit Freunden übers Wochenende zelten gegangen, und die Vorstellung, was ihr alles passieren könnte, lässt Sie nicht mehr los. Sie können nicht mehr richtig schlafen, weil sich vor Ihrem inneren Auge wahre Horrorszenarien abspielen, die mit jeder Stunde immer schlimmer werden.

Ihre Lebensgefährtin hat einen alten Klassenkameraden getroffen und wird nächsten Freitag mit ihm essen gehen. Der Gedanke, dass sie sich zu ihm hingezogen fühlen könnte, ergreift vollkommen von Ihnen Besitz. Rational wissen Sie, dass es lächerlich ist und keinerlei Anlass zur Eifersucht besteht, aber stets von neuem taucht der Gedanke auf und nimmt immer mehr Raum ein. Schließlich brechen Sie als Ventil dafür Auseinandersetzungen vom Zaun und überhäufen Ihre Partnerin mit allen möglichen Vorwürfen. Ihr verständlicher Anflug von Eifersucht ist fast zur fixen Idee geworden und hat Ihnen die Woche zur Hölle gemacht.

Oder der Chef machte so eine seltsame Bemerkung zu Ihrer Arbeitsweise. Anstatt das klärende Gespräch mit ihm zu suchen, wälzen Sie die Bemerkung tagelang in Ihrem Kopf hin und her, bis Sie überzeugt sind, dass er Sie wohl ersetzen will. Unter dem

Druck dieser Vorstellung können Sie sich nicht mehr richtig konzentrieren, und gerade jetzt, wo es scheinbar um alles geht, leidet die Qualität Ihrer Arbeit. Sie wissen es, können aber nichts daran ändern, denn der Gedanke an die mögliche Entlassung beherrscht Sie regelrecht. Um solche dunklen, besitzergreifenden Gedanken besser abschütteln zu können, Verstand und Unterbewusstsein zu klären und neue Kraft zu schöpfen, schwelgen Sie nach Herzenslust in »Knofipizza« und Tzatziki.

Und noch eine weitere Botschaft sendet der Knoblauch für Sie aus: Sein scharfer Geschmack deutet darauf hin, dass er die Sexualkraft stärkt. Knoblauch ist in der Tat ein Scharfmacher, der mit seiner vitalisierenden Wirkung Lust und Leidenschaft ankurbelt. Und auch dabei bringt er seine schützenden Energien ins Spiel: Knoblauch hilft Ihnen, sich in Ihrer Sexualität abzugrenzen und zu nichts drängen zu lassen, was Sie nicht wollen. Er schützt und kräftigt das Selbstbewusstsein Ihrer Lust, so dass Sie sie zeigen können, wann und wie Sie es möchten – aber ebenso imstande sind, »Nein« zu sagen, wenn da nichts »lüstelt«.

GURKE

Farbe: grün
Bringt in die eigene Mitte, stabilisiert und entspannt, wirkt ausgleichend und regenerierend. Vermittelt Zufriedenheit und Wohlgefühl. Bei allen Störungen der Atemwege sowie bei Krampfzuständen.

Form: länglich
Macht aktiv, tatkräftig, extrovertiert, regt den Verstand an und steigert die Potenz.

Geschmack: süßlich, sehr mild
Süßlich: Weist auf Energien hin, die harmonisieren, das innere Gleichgewicht und die Stabilität wieder herstellen. Beruhigt die Nerven, hilft, Stress gut zu verarbeiten, und hellt die Stimmung auf.
Hebt körperliches und geistiges Leistungsvermögen.

Sehr mild: harmonisiert und wirkt auf
alle anderen Komponenten verstärkend.

Bisher erforschte Hauptinhaltsstoffe: Kalium, Magnesium, Betacarotin, Vitamin C, E, Melatonin, Silizium, Erepsin, Ballaststoffe, Eiweiß. Fördert die Nieren- und Blasentätigkeit, regt Darm, Leber und Galle an, reinigt den Darm, aktiviert den Hautstoffwechsel, wirkt blutdrucksenkend, abschwellend bei Schwellungen von Händen, Beinen und Füssen, lindert Magenentzündungen, vitalisiert.

Die bis zu 95 Prozent aus Wasser bestehende Gurke wird allgemein geschätzt als erfrischender Sommersalat, als verjüngende Gesichtsmaske oder kühlende Erleichterung bei Sonnenbrand. Wie auf der körperlichen Ebene ist auch das feinstoffliche Spezialgebiet der Gurke die ausgeklügelte Verbindung von Vitalisieren und gleichzeitigem Kühlen. Doch wozu soll der scheinbare Widerspruch gut sein? Erst wirft man mit der saftigen Frische und der Phallusform sozusagen den Motor an, stärkt Antriebskraft, Aktivität und Willen, und dann dämpft man alles mit dem kühlen Grün wieder herunter.

Genau diese Wirkung ist ideal für Menschen, die eben diesen Widerspruch in sich tragen. »Gurken-Menschen« kämpfen mit einer gewissen Trägheit, die es ihnen schwer macht, in Gang zu kommen. Sei es beim morgendlichen Aufstehen oder dabei, anstehende Projekte in Angriff zu nehmen – sie brauchen immer eine längere Anlaufzeit. In dieser nach außen eher ruhigen Phase gärt es aber meist wild in ihrem Inneren: Da wird die Kraft für die Umsetzung der Vorhaben mit mächtiger Anstrengung zusammengeballt, werden Ideen ausgebrütet, Möglichkeiten erwogen und Ergebnisse vorweggenommen. Und wenn der Zeitpunkt schließlich reif ist, explodieren sie förmlich nach außen. Sie stürzen sich extrem impulsiv in die Realisierung, schießen dabei häufig übers Ziel hinaus oder verausgaben sich bis zur Selbstgefährdung.

Die Soziologiestudentin Marina ist ein solcher Fall. Sie hat sich eine tolle Wohnung ergattert, die nicht nur näher bei der Uni, sondern auch billiger ist als ihre jetzige Bude. In zwei Monaten kann sie einziehen. Aus leidvoller Erfahrung weiß sie, wie wichtig es ist, sich genügend Zeit für das Aussortieren, Packen und schrittweise Ausräumen zu reservieren. Doch die Wochen ziehen ins Land, und immer hat sie etwas anderes vor oder ist todmüde, muss lernen, hat keine Lust ... Vier Tage vor dem Auszugsdatum ist es so weit: Marina wacht auf, nimmt sich gerade noch Zeit zum Zähneputzen und legt los. Nur kurz besieht sie sich den Inhalt der

Schubladen, holt dann einen großen Müllsack und kippt das meiste davon hinein. Mit Hilfe des Zeitdrucks verschwinden auch die fünf Kästen mit alten Fotos, Dias und Briefen, die sich im Umzugskarton so sperrig machten, kurzerhand im Müll. Den kleinen Couchtisch, den sie nicht mehr in den Kofferraum ihres Kombis kriegt, verschenkt sie spontan an ihre Nachbarin. Im Nu ist die Wohnung leergeräumt, und Marina stürmt in den nächsten Baumarkt, um Wandfarbe zu kaufen. Vertragsgemäß muss sie die alte Wohnung noch weißeln, und außerdem will sie vor dem Einrichten die Wände der neuen Behausung sonnengelb lasieren. Die gewünschte Farbe ist im Baumarkt ausgegangen und erst in der folgenden Woche wieder verfügbar. Der zweite Baumarkt führt ihre Wunschfarbe nicht, und schließlich ersteht sie kurz vor Ladenschluss das Gewünschte sehr viel teurer in einem Malerfachgeschäft. Die halbe Nacht ist sie mit dem Kalken der Wände beschäftigt, aber: Na bitte, sieht doch toll aus! Mit Mühe hält Marina ihre zu Schlitzen geschrumpften Augen offen, packt grimmig Abdeckfolie und Sonnenfarbe und fährt in die neue Wohnung. Dort packen die Freunde, die sich als Helfer angesagt hatten, mit an, und so leuchtet das Appartement bald in warmem, wolkig getupftem Gelb. Als Überraschung zaubern die Freunde eine riesige Torte und mehrere Sektflaschen hervor – aber Marina muss die so liebevoll und von langer Hand geplante Einweihungsparty platzen lassen: Sie ist fix und fertig, ihr Kreislauf dreht durch, beim Heben der schweren Kartons hat sie sich den Schultermuskel gezerrt, und sie hat echt keinen Nerv mehr zum Feiern – sie will nur noch ins Bett. Sehr viel später ärgert sie sich grün und blau, dass sie die alten Erinnerungsstücke einfach weggeworfen hat, und auch der verschenkte Couchtisch wäre das i-Tüpfelchen für ihre Leseecke ...

- Aktiviert die Tatkraft für alle, die Anlaufschwierigkeiten haben,
- harmonisiert überbordende Impulsivität,
- fördert Besonnenheit,
- gegen vorzeitige Ejakulation.

Drehen wir den Film zurück: Wie wäre es Marina ergangen, wenn ein wissender Freund sie ab dem Tag des unterschriebenen Mietvertrags mit diplomatischer Motivation, Organisationsimpulsen und jeder Menge raffinierter Gurkengerichte unterstützt hätte?

Das männliche Prinzip der Form hilft ihr, ihre übliche Anlaufphase zu verkürzen und ihre Tatkraft zielgerichtet zu aktivieren. Der hohe Wasseranteil als Zeichen für erfrischende Vitalenergien kurbelt ihre Schaffensfreude zusätzlich kräftig an. Gleichzeitig sorgen die grünen Farbschwingungen und der milde Geschmack dafür, dass sich die Tatkraft nicht zusammenballt und in Schüben gewaltsam hervorbricht, sondern sich harmonisch verteilt. Der »Vulkan-Charakter« wird also heruntergekühlt, die Aktivität aber trotzdem erhalten beziehungsweise gefördert. Außerdem kann Marina mit der feinstofflichen Information der Gurke den Stress, den sie durch frühere Erfahrungen schon im Vorhinein entwickelt, besser verarbeiten. Sie verkrampft sich nicht und kann besonnener planen und handeln. So muss sie später keine ihrer zu impulsiven Aktionen bereuen und verliert weder Spaß noch gute Freunde bei der ganzen Geschichte.

Diese Wirkweise ist auch für Männer interessant, die unter vorzeitigem Samenerguss leiden. Die phallische Gurke unterstützt mit ihrer vitalisierenden Kraft die Potenz, kühlt aber das überbordende Feuer der Leidenschaft auf ein harmonischeres Gleichgewicht ab. Als Unterstützung oder Ergänzung zu therapeutischen beziehungsweise medizinischen Maßnahmen kann die Gurke dabei zu einem ihrer Lieblingsgemüse werden.

KÜRBIS

Farbe: orange
Hebt die Lebenslust und Fröhlichkeit, löst Ängste und Depressionen, macht optimistisch, stärkt Toleranz, Weltoffenheit sowie Kreativität. Fördert Verdauung und Stoffwechsel sowie die Blasentätigkeit.

Form: rundlich
Vermittelt Schutz und Geborgenheit, betont die Gefühlswelt. Beruhigt die Nerven, wirkt stressabbauend und verstärkt die Intuition.

Geschmack: süß
Weist auf Energien hin, die harmonisieren, das innere Gleichgewicht und die Stabilität wieder herstellen. Beruhigt die Nerven, hilft, Stress gut zu verarbeiten, und hellt die Stimmung auf.
Hebt körperliches und geistiges Leistungsvermögen.

Bisher erforschte Hauptinhaltsstoffe: Kupfer, Eisen, Magnesium, Kalium, Natrium, Betacarotin, Vitamin B, Kalzium, Eisen, Phosphor, Kieselsäure.
Entwässert, senkt den Blutdruck, geeignet bei Nieren- und Prostataleiden, entgiftet den Darm, stärkt die Schutzhülle der Nerven, entlastet die Bauchspeicheldrüse.

Kinder fallen dauernd hin, holen sich dabei eine Beule am Kopf oder schlagen sich das Knie auf. Als heulendes Elend laufen sie dann schnell zu Mama, und der ganze Schmerz wird in einer tröstlichen, liebevollen Umarmung aufgefangen. Auf dem Schoß beruhigend gewiegt, werden die Wunden bepustet, mit »Heile, heile, Segen« besungen, und schon ist alles nur noch halb so schlimm. Auch als Erwachsene hat unsere Seele oft aufgeschürfte Knie, und am liebsten würden wir uns dann wieder in einen tröstenden Schoß kuscheln – im Vertrauen darauf, dass wir umsorgt, getröstet und »heil gemacht« werden.

Auf einfache Weise können wir uns die mächtige Trostenergie in Form von Kürbis ins Haus holen. Die dicke orangefarbene Beere (botanisch zählt der Kürbis zu den Beeren!) spricht mit der Signatur ihrer Farbe und ihrer massigen Form, der harten Schale, die äußerst wirksam das schmackhafte Innere schützt, sowie dem stabilen Halt durch stengelstarken Bodenwuchs eine deutliche Sprache. Ihre feinstoffliche Information lässt sich am besten allegorisch beschreiben. Wenn Sie schon Filme wie »Vom Winde verweht« gesehen oder entsprechende Bücher gelesen haben, kennen Sie die typische Südstaaten-»Mummy«, die schwarze Kinderfrau und Amme vergangener Zeiten: ein rundes, gemütliches Schwergewicht in farbenfrohem Kattun, das mit einem von Mitgefühl überquellenden Herzen unermüdlich über das Wohlergehen ihrer Ziehkinder wacht. Wann immer ihre »Lämmchen« Kummer haben, setzt sie sie auf ihren breiten Schoss, schaukelt, summt, streichelt und tröstet. An ihrem ausladenden Busen geborgen, fühlen die Kinder, dass ihnen hier nichts und niemand etwas anhaben kann. Genau so müssen Sie sich den Kürbis vorstellen: als dicke »Mummy« im leuchtend orangen Rock, die stark und verlässlich auf der Erde sitzt und mit breitem Lächeln auf die Menschenkinder wartet, denen sie Trost und Geborgenheit schenken kann.

Kinder, deren Eltern für eine Weile abwesend sind, zeigen sich für das tröstliche Gemüse auf dem Speisezettel oft ausgesprochen dankbar. Dabei schmecken ihnen nicht nur die süßliche Note des Kürbisfleischs, sondern auch die unglaublich abwechslungsreichen Zubereitungsarten – zum Beispiel als pfiffige Spaghettisauce. Übrigens passen nicht umsonst auch andere orangefarbene Stimmungsmacher wie Orange oder Karotte hervorragend in Kürbisgerichte. Solche Kombinationen helfen nachhaltig, Tränen zu trocknen, um dann sehr schnell das Interesse der Kleinen auf Spiel, Spaß und fröhlichere Dinge zu lenken.

Ebenso können heranwachsende junge Männer, deren Seele dringend einige Streicheleinheiten benötigt, ein paar tüchtige Kürbisportionen brauchen. In einem Alter, in dem Mamas Umarmung nur noch als peinlich empfunden wird und Papas Mann-zu-Mann-Gespräch absolut uncool ist, steht man mit seinen Kümmernissen ziemlich allein auf weiter Flur. Wenn Sie bisher eher hilflos vor der verschlossenen Zimmertür Ihres Sohnes standen und Ihre zärtlichen Gedanken lediglich durch die Wand gesendet haben, können Sie ihm nun ohne Umwege ein wenig Trost und Geborgenheit in Form von Kürbis-Chips schicken. Auch für Menschen, die besonders zu Beginn der dunklen Jahreszeit zu Herbstmelancholie oder Winterdepression neigen, hat der Kürbis pünktlich Hochsaison.

- Schenkt Trost, Geborgenheit und Zuversicht,
- lindert Trennungsschmerz, Einsamkeit und Kummer bei Kindern,
- gibt Pubertierenden seelische Streicheleinheiten.

Es gibt kaum jemanden, der nicht von Zeit zu Zeit ein wenig Kürbisenergie nötig hätte, und darum tun Sie gut daran, dieses hervorragende Erste-Hilfe-Gemüse möglichst immer verfügbar zu haben. Zu diesem Zweck lohnt es sich – wenn Sie keinen Garten haben, in dem Sie der raumgreifenden Kürbispflanze ein Plätzchen anbieten können –, im Herbst auf dem Markt nicht die üblichen Kürbisschnitze, sondern den Kürbis im Ganzen (bei kleineren Sorten gleich mehrere) zu kaufen. In einem kühlen Raum in einem Nylonnetz aufgehängt oder sehr große, schwere Exemplare auf einem Holzrost gelagert (es genügt, mehrere schmale Bretter quer über Ziegelsteine zu legen – Hauptsache, es kommt von allen Seiten Luft daran), lassen sich die Seelentröster mehrere Monate lang tadellos lagern. Und zur Überbrückung bis zur nächsten Kürbisernte gibt es sahniges Püree aus der Tiefkühltruhe oder fantasievolle Delikatessen aus dem Einmachglas.

ZWIEBEL

Farbe: hellbraun
Signatur der Erdkraft, vitalisiert, stärkt den Realitätssinn und das Körperbewusstsein.

Form: rundlich
Vermittelt Schutz und Geborgenheit, betont die Gefühlswelt.
Beruhigt die Nerven, wirkt stressabbauend und verstärkt die Intuition.

Geschmack: süß-scharf
Süß: Weist auf Energien hin, die harmonisieren, das innere Gleichgewicht und die Stabilität wieder herstellen. Beruhigt die Nerven, hilft, Stress gut zu verarbeiten, und hellt die Stimmung auf.
Hebt körperliches und geistiges Leistungsvermögen.
Scharf: fördert Sexualkraft und Libido, macht »Feuer unterm Hintern«, reinigt Körper, Geist und Seele

Bisher erforschte Hauptinhaltsstoffe: Allizin, ätherische Öle, Flavonoide, Eisen, Folsäure, Vitamin C, Zink.
Regt Durchblutung und Blutbildung an, wirkt desinfizierend auf die Schleimhäute, entgiftend, schleimlösend bei Husten, kräftigt Herz, Kreislauf und Immunsystem, senkt den Blutdruck und stimuliert die Libido.

Wie der Knoblauch steht auch seine Verwandte, die Zwiebel, als rundes und scharfes Gemüse im Dienst des körperlich-seelischen Schutz- und Reinigungskommandos. Beide sind natürliche Antibiotika und wirken schädlichen Übergriffen auf Physis und Psyche entgegen – aber natürlich hat jede der Pflanzen bei aller Ähnlichkeit ihr Spezialgebiet.

Stoßen wir beim Knoblauch buchstäblich »mit der Nase« auf seine besondere Gabe der Abwehr, so zeigt die Zwiebel bei der Zubereitung in der Küche deutlich ihre speziellen Fähigkeiten. Sobald wir eine Zwiebel schälen und zerkleinern, fängt es unaufhaltsam an zu fließen: erst aus den Augen, dann auch noch aus der Nase. Und kaum haben wir die Zwiebel intus, setzt sie ihr »fließendes Werk« fort: Sie schwemmt überflüssiges Wasser sowie Schlacken aus und bringt alle verdickten Säfte wie Blut oder Schleim wieder in Bewegung. Für den, der mit Zwiebeln kocht, eine unangenehme Begleiterscheinung – für uns erfreulich als unmissverständliche Signatur, dass wir Zwiebel immer dann einsetzen können, wenn etwas stockt, zäh, träge und unbeweglich geworden ist und wieder in Fluss gebracht werden soll.

Ein gutes Beispiel dafür ist das Gefühl der Erstarrung in langjährigen Partnerschaften. In der ersten Zeit des Verliebtseins steht man staunend wie Kolumbus vor dem Neuland »Partner« und entdeckt entzückt täglich Neues in Wesen, Verhalten und Aussehen des geliebten Menschen. Mit der Zeit verwandeln sich die Beziehungs-Flitterwochen langsam in vertraute Zweisamkeit, und irgendwann kommt der Punkt, da Sie dieses einst unbekannte Eiland namens »Partner«, das voller Überraschungen und Wunder steckte, scheinbar bis in den letzten Winkel erforscht, ausgelotet und kartografiert haben. Kurz: Sie haben sich ein Bild von Ihrem Partner gemacht. Dieses Bild gibt Ihnen die Sicherheit, im Brustton der Überzeugung zu sagen »Ich kenne doch meinen Sascha, der würde nie ...« oder »Die Sabrina schmeißt immer irgendwas um beim Essen ...«. Der Preis dieser vermeintlichen Sicherheit ist nicht nur die Entzauberung einer Beziehung (was oder wen man wie seine Westentasche kennt, hat nichts Magisches mehr), man zementiert mit diesem fixen Urteil über den anderen auch all die Dinge mit ein, die man an ihm nicht so gern mag oder die mit der Zeit ziemlich nerven können. Und Ihr Partner kann sich dann nach Kräften abstrampeln, die kritischen Punkte zu ändern – er wird wahrscheinlich nur wenig Erfolg haben, wenn Sie in Ihrem Kopf und in Ihrem Herzen den Rahmen um Ihr Bild von ihm nicht lockern und Raum für Veränderung und Wachstum geben. Den Rahmen vom Bild abzunehmen hört sich einfach an, ist aber ziemlich schwierig – vielleicht eine der schwierigsten Übungen im Zusammenleben überhaupt. Lassen Sie sich deshalb von der Zwiebel dabei unterstützen – sie hat nämlich ein paar weitere sehr hilfreiche Kniffe auf Lager: Ist Ihnen aufgefallen, dass Ihre Gedanken über die Schattenseiten Ihres Partners mit der Zeit immer giftiger werden? Dieses Gift fließt in Ihre Auseinandersetzungen mit ein und wirkt einer Problemlösung oder Versöhnung entgegen. So wie man auf der Körperebene bei Fieber und Insektenstichen rohe Zwiebel auflegt, um das »Gift« herauszuziehen, so reinigt die Zwiebel auch unser geistig-seelisches Innenleben von giftigen Gedanken, Meinungen und Vorurteilen, die unsere Lebensqualität vermindern können. Zusätzlich verstärkt die runde Zwiebel mit der süßlichen Geschmackskomponente den Schutz vor Verletzungen (z. B. von »Giftpfeilen«), beruhigt die Nerven und macht hellhörig für intuitive Eingebungen, die oft der ganzen Situation eine neue Richtung geben können.

- Bringt erstarrte Gefühle, Gedanken und Meinungen ins Fließen,
- weicht Vorurteile auf,
- beruhigt und schützt vor Verletzungen,
- stärkt die Intuition,
- fördert ein positives Körperbewusstsein.

Zwiebel ist auch ein wundervoller Helfer für Frauen, die sich durch zu starke, immer wiederkehrende Selbstkritik (»Findet er die Fettpolster an meinem Bauch widerlich?«, »Bestimmt hatte er viel bessere Geliebte als mich«, »Was muss ich machen, damit er mich gut findet« usw.) blockieren und so ihren Spaß am Sex vergiften. Die Zwiebelschärfe hilft Ihnen, auf andere Gedanken zu kommen, und heizt der Lust dazu noch tüchtig ein. Die Erdkraft – signalisiert durch die braune Farbe – stärkt zudem das positive Körperbewusstsein. Und schließlich betont die runde Form das weibliche Prinzip und hebt damit nochmals das sexuelle Selbstbewusstsein der Zwiebelesserin. Allerdings sollten Sie kurz vor der Liebesnacht nicht rohe Zwiebeln essen – das könnte Ihr Parfum dann doch unangenehm überlagern ...

OLIVE

Farbe: schwarz
Abkehr von der Umwelt, Innenschau, Verarbeitung von Gefühlen und Erlebnissen, aber auch Aufnahmebereitschaft für ungefilterte Einflüsse aller Art.

Form: rundlich
Vermittelt Schutz und Geborgenheit, betont die Gefühlswelt. Beruhigt die Nerven, wirkt stressabbauend und verstärkt die Intuition.

Geschmack: bitter
Hilft, sich zusammenzunehmen, Haltung zu bewahren und mit Schreck-, Schock- und Stresssituationen fertig zu werden. Warnt vor Einnahme zu großer Mengen. Regt das Verdauungssystem an.

Bisher erforschte Hauptinhaltsstoffe: Vitamin E, A_1, B_1, B_2, B_6, C, Pantothensäure, Folsäure, Kalium, Magnesium, Kalzium, Phosphor, Schwefel, Eisen, Chlor.
Wirkt verjüngend, stoppt vorzeitige Alterungsprozesse, kräftigt Herz und Immunsystem, schützt alle hormonproduzierenden Drüsen, lindert entzündungsbedingte Schmerzen.

Nach der F-F-G-Formel erkennen wir die Olive sofort als Nothelfer. Schwarz (grüne Oliven sind lediglich unreife Früchte), rund und bitter hilft sie in Situationen, die viel Nervenstärke, innere Kraft und Stabilität erfordern. Roh ist die bittere Frucht fast ungenießbar, und auch nach ihrer Zubereitung in Salzlake bleibt sie eher eine pikante Nascherei, die sparsam verwendet Salaten und Mittelmeergerichten eine delikate Note verleiht.

Anders verhält es sich mit dem kostbaren Öl der Olive, das – vor allem in seinen Herkunftsländern – als Universalmedizin und Jungbrunnen eingesetzt und in großen Mengen genossen wird. Da auch wir inzwischen das »flüssige Gold« als gesundheitsfördernde und wohlschmeckende Bereicherung unserer Küche entdeckt haben, lohnt es sich, die Olive beziehungsweise den Olivenbaum als Ganzes näher zu betrachten. Seine Signaturen sind so faszinierend wie die Wirkung des goldenen Öls.

In Italien wurden dem Ölbaum von jeher magische Kräfte zugesprochen. Dies nicht nur, weil die umfassende Heilwirkung des Baums für die damalige Zeit an Magie grenzte, sondern auch, weil die Menschen seine Gestalt und sein Wesen als Ehrfurcht einflössend und von ganz besonderer Art empfanden. Tatsächlich sieht der Ölbaum mit seinem bizarr gekrümmten, zerfurchten Stamm und dem silbergrau schimmernden Blattkleid wie ein knorriger alter Zauberer aus. Nach der Signaturlehre ist dies ein deutliches Zeichen: Was so sehr an hohes Alter erinnert, ist auch in seiner Wirkung dafür geschaffen – die Olive beziehungsweise das Olivenöl ist also ein Mittel für alte Menschen.

Was verrät dieser erstaunliche Baum sonst noch über sich? Er sieht nicht nur wie ein alter Zauberer aus, seine unglaublich lange Lebensdauer scheint ebenfalls dem Reich der Magie zu entstammen. Früher hielt man Olivenbäume für unsterblich, und die heutige Wissenschaft weiß von Exemplaren, die weit über 2000 Jahre alt sind! Zweites Indiz für uns: Ein Baum, der ein solch hohes Alter erreicht, lässt diese erstaunliche Lebenskraft in seine Heilwirkung auf Körper und Seele einfließen.

- Vermittelt lebensbejahende Impulse, insbesondere für ältere Menschen,
- Nothelfer bei Schicksalsschlägen,
- für einen Neubeginn nach jeder Art von schmerzhaftem Abschied.

Der Ölbaum scheint über eine magische Kraft der Verjüngung und Regenerationsfähigkeit zu verfügen; »Schicksalsschläge« können ihn noch so sehr beuteln, er ist unverwüstlich. Erfrierungen, extreme Verstümmelungen, Brand oder Trockenheit – solange seine Wurzeln, die bis zu sechs Meter tief in der Erde verankert sind, einigermaßen intakt bleiben, treibt der Baum neu aus. Die Botschaft der Olive ist also die Fähigkeit, sich stets zu verjüngen und bei großen Belastungen nicht aufzugeben, sondern die Kraft für Neuanfänge zu finden.

Untermauert werden diese Erkenntnisse durch drei Zeichen aus der Signaturlehre, die alle auf die besonderen Vitalkräfte des

Olivenbaums hinweisen: 1. Er ist immergrün. 2. Das so betagt aussehende graue Holz (dasselbe gilt bei schwarzem Holz) bringt zarte, weiße Blüten hervor und diese wiederum schwarze Früchte. 3. Im Gegensatz zum normalen Wachstumsrhythmus der meisten Früchte sind die Oliven im Winter reif, zu der Zeit also, in der die Lebenszyklen in der übrigen Natur an ihrem Tiefpunkt stehen. Schließlich kommt noch dazu, dass der sonst recht anspruchslose Baum ein Sonnenfresser ist. Die viele Wärme und das Licht finden wir in dem duftenden, goldenen Öl wieder, das aus den schwarzen Früchten gepresst wird.

Aus den Erkenntnissen mittels der F-F-G-Formel und der Betrachtung des ganzen Baumes ergibt sich eine ziemlich genaue Vorstellung, wie die Olive beziehungsweise Olivenöl wirkt und wie man sie gezielt einsetzen kann. Zum Beispiel wenn Menschen sich mit dem Alterungsprozess, ihrer Vergänglichkeit und dem Sterben auseinander setzen. Für die meisten von uns ist der Gedanke daran nicht einfach, und viele ältere Menschen fechten mit der Vorstellung von ihrem Ableben bittere Kämpfe aus – die sie schließlich oft verlieren, woraufhin sie in trauriger Gleichgültigkeit versinken. »Das lohnt sich für mich doch nicht mehr ...« oder »Warum soll ich dies oder jenes noch tun, ich hab ja doch nichts mehr davon« sind Aussagen, die von dieser Resignation zeugen. Ein Urlaub in einem Mittelmeerland, wo Olivenöl zum täglichen Gebrauch gehört, könnte helfen, die verbleibende Lebenszeit besser zu genießen und nicht in einer Art innerem, langsamem Absterben zu versinken. Neben den neuen Eindrücken und dem Tapetenwechsel könnte die Botschaft der Olive Sonne in die innere Dunkelheit bringen, lebensbejahende, verjüngende Impulse geben und das Gefühl bestärken, dass sich Weitermachen und Neubeginn immer lohnen. Und nicht zuletzt unterstützt das Schwarz kombiniert mit der runden Form der Früchte zusätzlich den konstruktiven Prozess der inneren Auseinandersetzung mit dem Thema, denn Verdrängung oder bloßes Überspielen mit jugendlichen Lebensgefühlen wäre keine wirkliche Hilfe, sondern nur falsch verstandenes positives Denken.

Überhaupt ist Olivenöl Balsam für den schmerzhaften Schritt von Abschied zu Neubeginn: Hinter uns die Trümmer oder Scherben eines Stücks Leben, vor uns Niemandsland und irgendwo in weiter Ferne das »Wiederauferstehen«, das man sich noch gar nicht vorstellen kann – in dieser Situation stärkt das goldene Olivenöl den Phönix in uns, jenen Sagenvogel, der verbrennt und aus der Asche wieder aufersteht, kraftvoller und weiser als zuvor.

Die Olive ist – wie eingangs schon erwähnt – überall dort ideal, wo eine schnelle Transfusion an innerer Kraft benötigt wird. Vorteilhaft ist dabei, dass sich das Öl als Trägersubstanz durch Kombination mit entsprechenden anderen Farben, Formen und Geschmacksrichtungen in seiner Wirkung schnell und ohne großen Aufwand auf die individuelle Notlage maßschneidern lässt. Zusammen mit kommunikationsförderndem Gelb zum Beispiel bewirkt es zusätzlich Öffnung und Gesprächsbereitschaft. Bei grünen und/oder runden Beigaben liegt die Betonung auf der Beruhigung, und Orange hilft insbesondere, sich aus dem Würgegriff der Angst zu befreien.

Vielleicht legen Sie sich eine Flasche besonders hochwertiges »flüssiges Gold« als Seelenarznei für Krisensituationen zu oder versichern sich, dass Ihr italienisches Lieblingsrestaurant die Spaghetti alio e olio wirklich mit bestem kaltgepresstem Olivenöl zubereitet.

FRÜCHTE

WEINTRAUBE (BLAU)

Farbe: blau
Wirkt beruhigend, entspannend und besänftigend, fördert Gefühlstiefe, erleichtert Eintauchen in seelische Tiefen. Hilft bei Schmerzen und Entzündungen, Schlafstörungen und Hitzewallungen oder Schweißausbrüchen.

Form: rund
Vermittelt Schutz und Geborgenheit, betont die Gefühlswelt. Beruhigt die Nerven, wirkt stressabbauend und verstärkt die Intuition.

Geschmack: süß
Weist auf Energien hin, die harmonisieren, das innere Gleichgewicht und die Stabilität wieder herstellen. Beruhigt die Nerven, hilft, Stress gut zu verarbeiten, und hellt die Stimmung auf.
Hebt körperliches und geistiges Leistungsvermögen.

Bisher erforschte Hauptinhaltsstoffe: Fructose, Folsäure, Mangan, Magnesium, Kalium, Vitamin C, alle B-Vitamine außer B_{12}.
Kurbelt die Verdauung an, entgiftet, lindert Nervosität, stärkt die Nerven, wirkt immunisierend, antidepressiv, aktiviert die Schilddrüse, reinigt Nieren und Harnwege, unterstützt die Herz- und Kreislauffunktion.

Erinnern Sie sich an die Gefühle, die in Ihnen aufsteigen, wenn Sie an einem schönen Sommertag im Gras liegen und in den blauen Himmel schauen? Hektik und Nervosität fallen von Ihnen ab, Gedanken über den Sinn des Lebens, die Liebe, Gott und die Welt tauchen auf. Die runden süßen Weinbeeren mit ihrem tiefen Blau scheinen den Himmel in sich eingefangen zu haben, denn auch ihre Energien schenken Ihnen Ruhe und unterstützen Ihre Ausflüge in die Tiefen der Seele.

In Situationen, in denen Seelenarbeit geleistet und tiefe Gefühle an die Oberfläche geholt werden sollen, empfiehlt es sich, stets blaue Trauben zum Naschen bereit zu haben. Mit ihrem Geschenk der inneren Ruhe und dem durch sie vermittelten Gefühl, geschützt und geborgen zu sein, kann man sich leichter und intensiver auf Gefühle, Einsichten und tiefe Wahrheiten einlassen. Die große Menge an Sonnenenergie, die die Traube über die Reifezeit in ihrem Innern gespeichert hat, und die Qualität der Frequenz »Blau« schützt bei diesem Prozess davor, ins Depressive abzugleiten.

Frauen praktizieren diese Art von gesunder, hilfreicher Seelenhygiene weit öfter und ungehemmter als Männer. Viele Männer würden gerne weiter in ihre Psyche vordringen, fühlen sich aber irgendwie blockiert. Und Frauen vermissen an ihren männlichen Partnern oft die tiefere Auseinandersetzung. Lassen Sie daher beim nächsten Mann-zu-Mann- oder Frau-zu-Mann-Gespräch eine Käseplatte mit der klassischen Weintraubendekoration »mitreden«.

Für Menschen, die einen Verlust zu verarbeiten haben, etwa durch Tod oder Scheidung, können blaue Weintrauben ausgesprochen nützliche Helfer sein. Auch Teilnehmer von Selbsthilfegruppen können sie unterstützen oder Menschen zum Beitritt zu einer solchen Gemeinschaft motivieren. Sie fördern den Prozess, sich Gefühlen zu stellen, diese zu verarbeiten und sich mit anderen über Gefühle und Erleben von Vergangenem und Gegenwärtigem auszutauschen. Die schützenden, beruhigenden Botschaften der runden Form und des süßen Geschmacks stützen zugleich behutsam das Nervenkostüm und die verletzte Seele, geben Halt und Vertrauen, sich auf Hilfe von außen einzulassen. Auch die Eigenart der Weinbeere, mit anderen Weinbeeren in enger Gemeinschaft als Traube zu wachsen, die ein starker Stengel zusammenhält, weist auf verbindende, gemeinschaftsorientierte Energien hin. Wenn Sie Schwierigkeiten haben, sich zu öffnen und über Ihren Schmerz zu sprechen, kombinieren Sie die Weintrauben am besten mit gelben, also kommunikationsfördernden Früchten.

Wenn Ihnen auffällt, dass Sie über fast nichts anderes mehr reden können als über den erlittenen Verlust und dass die potenziellen Zuhörer sich überfordert zurückzuziehen beginnen, sollten Sie zusätzlich zu den Weintrauben so oft wie möglich grüne und orangefarbene Früchte beziehungsweise Gemüse essen. Grün hilft Ihnen, Ihr inneres Gleichgewicht wieder so auszubalancieren, dass Sie auch für andere Lebensanteile als Trauer, Schmerz oder Wut Raum finden. Orange lässt wieder vermehrt Lebensfreude aufblitzen und lässt Sie mehr Anteil am Geschehen um Sie herum (und nicht nur in Ihnen drin) nehmen. Der reichliche Verzehr von blauen Trauben verhindert dabei, dass Sie den Schmerz einfach verdrängen und damit die heilende Verarbeitung unterbrechen beziehungsweise vermeiden.

- Unterstützt das Heraufholen tief sitzender Gefühle, etwa in vertraulichen Gesprächen oder in therapeutischen Übungen,
- hilft bei der Verarbeitung von Verlusten, zum Beispiel durch Trennung oder Tod.

Wein aus blauen Trauben trägt natürlich grundsätzlich dieselben Schwingungen. Beachten Sie jedoch, dass sich die Farbfrequenz vom ruhigen, gefassten Blau in Rot gewandelt hat. Das bewirkt oft – verstärkt durch den Alkohol – ein Abgleiten von Gefühlstiefe zu Gefühlsduselei oder Aggression, und darüber hinaus steigt mit jedem Glas das (meist unerwünschte) Anlehnungsbedürfnis ...

BROMBEERE

Farbe: schwarz
Signalisiert Abkehr von der Umwelt, Innenschau, Verarbeitung von Gefühlen und Erlebnissen, aber auch Aufnahmebereitschaft für ungefilterte Einflüsse aller Art.

Form: rundlich
Vermittelt Schutz und Geborgenheit, betont die Gefühlswelt.
Beruhigt die Nerven, wirkt stressabbauend und verstärkt die Intuition.

Geschmack: süß
Weist auf Energien hin, die harmonisieren, das innere Gleichgewicht und die

Stabilität wieder herstellen. Beruhigt die Nerven, hilft, Stress gut zu verarbeiten, und hellt die Stimmung auf.
Hebt körperliches und geistiges Leistungsvermögen.

Bisher erforschte Hauptinhaltsstoffe: Vitamin C, Karotene, Adrenalin, Flavonoide, Gerbstoffe, ätherische Öle.
Immunisiert, wirkt entzündungshemmend auf die Schleimhäute, stressabbauend, verjüngend, festigt Bindegewebe und Gefäßwände, aktiviert Drüsentätigkeit, entgiftet, schützt vor freien Radikalen, reguliert die Verdauung.

Die schwarze Beere ist nicht nur eine immunstärkende Vitaminbombe in aromatisch-süßer Verpackung, sie hat es auch feinstofflich in sich. Brombeeren bieten konzentrierte Selbstschutzenergien. Nicht nur die runde Form weist darauf hin. Jeder, der einmal versucht hat, ein dichtes Brombeergestrüpp um seine süße Last zu erleichtern, hat das hervorragende Schutzsystem am eigenen Leib erfahren: Die teilweise undurchdringlich miteinander verwobenen Ranken sind mit vielen kleinen Widerhaken besetzt, die die Früchte sehr erfolgreich gegen gierige Hände und Schnauzen verteidigen. Selten kommt man ohne Kratzer und einen kleinen Blutzoll davon ...

Dornen und Stacheln sind nach der Signaturlehre immer ein Zeichen für körperlich und seelisch entgiftende Kräfte. Sicher kennen Sie das: Sie sind verletzt worden, gekränkt, haben eine Niederlage einstecken müssen oder sind Ihrer Meinung nach ungerecht behandelt worden. Oft werden solche Erlebnisse nicht verarbeitet, und wir können sie auch nach einer angemessenen Zeit nicht hinter uns lassen; es bleibt eine Art Stachel in der Seele zurück, der immer wieder sticht und schmerzt und die unangenehme Erinnerung zurückholt. Sammeln sich solche »Schlacken« an, vergiften sie mit der Zeit unsere Gedanken, unsere Reaktionen und manchmal sogar die gesamte Lebensqualität. Vor allem ältere Menschen haben nicht nur in ihrem Körper, sondern auch in ihrer Seele eine Menge von solchem »Sondermüll« angesammelt. In einer Zeit groß geworden, in der man meist nicht dazu ermuntert wurde, offen über seine Gefühle zu sprechen und sich Gedanken über seine individuellen Bedürfnisse zu machen, fällt es ihnen oft sehr schwer, verzeihen zu können (auch sich selbst) oder etwas wirklich hinter sich zu lassen. Die dornenbewehrte Brombeere leistet hier – über längere Zeit immer wieder angewendet – gute Dienste, um einen Entgiftungs- und Ausleitungsprozess anzuregen. Mit ihrer schwarzen Färbung unterstützt sie die Beschäftigung mit Gefühlen und die Konzentration auf seelische Vorgänge. Und schließlich erleichtern es ihre großen Schutzenergien, sich auf die Innenschau einzulassen und auch einmal über seinen Schatten zu springen.

Die Auseinandersetzung mit sich selbst und alle reinigenden Prozesse kosten Kraft. Aber auch daran hat die Brombeere gedacht. Als Ausgleich und Belohnung für all die Anstrengungen schenkt sie Körper und Geist vitalisierende und verjüngende Energien. In der Pflanzensprache zeigt das die weiße Blüte an, aus der die schwarze Beere entsteht.

- Fördert die seelische »Entgiftung« nach Kränkungen, Niederlagen usw.,
- hilft, persönliche Grenzen zu setzen und auch einmal »Nein« zu sagen,
- schenkt Geist und Körper stärkende Energien.

Haben Sie Schwierigkeiten, »Nein« zu sagen, oder neigen Sie dazu, sich immer anzupassen? Dann ist eine »Brombeertherapie« angesagt: Die wehrhafte Brombeere hilft Ihnen, Ihre Bedürfnisse deutlicher und freier zu äußern. Und sie unterstützt Sie darin, sich klarer und nachdrücklicher abzugrenzen. So wie Brombeerhecken früher zur Einfriedung von Gärten und Höfen verwendet wurden, gibt Ihnen die Brombeere die Kraft und die Widerstandsfähigkeit, unübersehbar zu signalisieren: »Halt! Hier ist meine persönliche Grenze, und ich dulde nicht, dass sie ignoriert wird.« Die Tatsache, dass Brombeeren zwar gerne selbst natürliche Begrenzungen bilden, aber nicht gerne an der Innenseite eines ihnen gesetzten Zaunes wachsen, vermittelt eine weitere wertvolle Botschaft der Brombeere: Sie bestärkt Sie, zu Ihrer Individualität zu stehen und sie auch zu leben.

Sicher leuchtet es Ihnen nun ganz von selbst ein, warum gezähmte Kulturbrombeeren ohne Dornen in der wissenschaftlichen Untersuchung weniger beziehungsweise schwächere Inhaltsstoffe aufwiesen. Mit der Veränderung ihrer wesenseigenen Signatur büßen Zuchtbrombeeren auch viele ihrer feinstofflichen Kräfte ein. Fazit: Wild gesammelte Brombeeren schmecken nicht nur unvergleichlich besser, sie sind auch gesünder und viel wirkungsvoller.

ORANGE

Farbe: orange
Hebt die Lebenslust und Fröhlichkeit, löst Ängste und Depressionen, macht optimistisch, stärkt Toleranz und Weltoffenheit sowie Kreativität.
Fördert Verdauung und Stoffwechsel sowie die Blasentätigkeit.

Form: rundlich
Vermittelt Schutz und Geborgenheit, betont die Gefühlswelt.
Beruhigt die Nerven, wirkt stressabbauend und verstärkt die Intuition.

Geschmack: süß
Weist auf Energien hin, die harmonisieren, das innere Gleichgewicht und die Stabilität wieder herstellen. Beruhigt die Nerven, hilft, Stress gut zu verarbeiten, und hellt die Stimmung auf.
Hebt körperliches und geistiges Leistungsvermögen.

Bisher erforschte Hauptinhaltsstoffe: Vitamin C, B, Biotin, Pantothensäure, Folsäure, Kalzium, Magnesium, Kalium und Selen, ätherisches Öl.
Stärkt das Immunsystem, die Drüsentätigkeit und die Blutbildung, für schönes Haar, Nägel und Haut, erfrischt den Geist, gegen Stress, kurbelt den Zellstoffwechsel an, verjüngt, entwässert, gut für Knochenbildung und Muskelaufbau.

Orangen sind Sonnen-Power-Kugeln mit Fröhlichkeitsfaktor XXL. Sie verbreiten allgemein gute Stimmung und muntern allein schon durch ihren intensiven Duft die gesamte Umgebung auf. Aber die geballte Sonnenenergie der Südfrucht ist auf größere Herausforderungen eingestellt. Sie ist nämlich Ihr guter Geist, wenn Sie sich vorübergehend eine »dickere Haut« zulegen müssen: bei persönlichen Angriffen von außen, etwa durch eine arrogante oder unhöfliche Behandlung durch andere, unangenehme Sticheleien und giftige Seitenhiebe, oder wenn Sie als »Blitzableiter« die gereizte Laune eines anderen ausbaden müssen. Unter solch negativem »Beschuss« zu stehen kostet viel Kraft. Nicht selten führt der Kampf um Fassung und das eigene korrekte Verhalten sowie eventuelle Auseinandersetzungen darüber nach einiger Zeit zu tiefer innerer Erschöpfung, ja sogar zu Depressionen. Oder man verliert die Beherrschung, wehrt sich, explodiert, setzt sich selbst ins Unrecht und hat gerade im beruflichen Rahmen dadurch unangenehme Konsequenzen zu tragen.

- Hilft, sich bei Bedarf vorübergehend ein »dickeres Fell« zuzulegen,
- schenkt die Fähigkeit , schweren Zeiten mit Optimismus zu begegnen.

Stellen Sie sich zum Beispiel vor, ein Freund von Ihnen ist Versicherungsagent. Seit zwei Wochen hat er keinen Abschluss mehr gemacht, und seine Stimmung ist nicht die beste. Vielversprechende Termine mit potenziellen Kunden erweisen sich als Luftblasen. Ein Interessent beschimpft ihn gar, nachdem er die Versicherungsbeiträge hatte ausrechnen lassen, und ein Kunde droht telefonisch mit Vertragskündigung, da er mit dem gebotenen Service unzufrieden ist. Die Kunden haben an allem etwas auszusetzen und machen ihn für Entscheidungen der Zentrale persönlich verantwortlich. Ihr Freund fühlt sich inzwischen innerlich ziemlich ausgelaugt. Er ist hin- und hergerissen zwischen heller Wut und dem Drang, seinen Job einfach an den Nagel zu hängen. Da in der nächsten Woche zwei Gespräche mit sehr schwierigen, aber auch sehr wichtigen Kunden anstehen, wird Ihr Freund immer nervöser und weiß nicht, ob er nicht bei der ersten dummen Bemerkung eines dieser Kunden platzt und damit auch das Geschäft ... Außerdem ist er sich bewusst, dass niemand ein so schlechter Verkäufer ist wie ein deprimierter oder schlecht gelaunter Mensch. Bringen Sie Ihrem Freund einen Sack Orangen vorbei! Die runde Form und der süße Geschmack schenken ihm Trost, helfen, den seelischen Stress besser zu verarbeiten, und stärken sein angegriffenes Nervenkostüm. Die Power der Sonnenkraft füllt seine erschöpften Energiereserven wieder auf, und das leuchtende Orange gibt ihm seine ansteckende Fröhlichkeit und seine positive Ausstrahlung zurück. Schließlich sorgt die Orange noch für ein dickeres Fell (die runde Form und die Signatur der dicken Schale um das zarte Fruchtfleisch zeigen schützende Kräfte an), so dass er sich nicht mehr so leicht aus der Fassung bringen lässt. Den erfolgreichen Geschäftsabschlüssen steht nun von Seiten Ihres Freundes nichts mehr im Wege!

Je nachdem, welche Gefühle in solchen Situationen vorherrschen, kann man die »Orangenkur« durch weitere Gemüse und Früchte ergänzen: Besteht die Neigung, die Erschöpfung in Aggression auszudrücken, oder überwiegen Resignation und depressive Gedanken? Dominiert die Wut, sind rote Gemüse und Früchte zu meiden, Blaues jedoch (kühlt, beruhigt) wie zum Beispiel Weintrauben wäre eine gute Ergänzung. Depressivere Typen sollten zusätzlich zu den Orangen alle grünen, gelben und orangen Pflanzenkräfte nutzen.

Eine andere Situation: Ihre Partnerin hat vor, sich selbständig zu machen, und ist in der letzten heißen Phase kurz vor der Eröffnung ihres Unternehmens. Seit zwei Wochen ist sie zu Hause nur noch gereizt, streitlustig, launisch und kreidet Ihnen alle möglichen, geradezu lächerlichen Dinge an. Es ist Ihnen natürlich klar, warum Ihre Freundin so geladen ist, und Sie können sie gut verstehen. Um sie zu unterstützen, schmeißen Sie den ganzen Haushalt allein, versorgen Hund, Katze und die Tomatenkübel auf dem Balkon, kochen ihre Lieblingsgerichte und erledigen alle anfallenden Aufgaben, um ihr den Rücken freizuhalten. In ihrem Stress und in all der Aufregung nimmt sie Ihre Bemühungen gar nicht wahr, vielmehr müssen Sie nicht selten noch als Blitzableiter für ihre innere Anspannung herhalten. Trotzdem wissen Sie, dass vor allem Sie ihr in dieser Zeit den dringend benötigten Halt und die Kraft geben. Aus Ihrem eigenen Harmoniebedürfnis wollen Sie nicht jede Laune oder Ungerechtigkeit von ihr zum Streit werden lassen, noch wollen Sie der gestressten Unternehmerin durch private Auseinandersetzungen zusätzlich Kraft rauben oder ihr die zugesagte Unterstützung entziehen. Und außerdem: Bei der Explosivität, die in der Luft liegt, könnte ein richtiger Streit sogar zum Ende der Beziehung führen. Die letzten Tage bis zur Eröffnung halten Sie am besten mit möglichst viel Orangen durch, die allen Widrigkeiten zum Trotz Ihre gute Laune erhalten, Ihre Toleranz und Ihre Nerven stärken und Sie voller Energie Ihre Aufgaben meistern lassen. Und: Geben Sie Ihrer Partnerin von den Orangen reichlich ab – sie kann sie genauso gut brauchen!

Orangen sind also eine fruchtige »Waffe«, die Ihnen hilft, sich gegen seelische Angriffe zu wappnen und Ihre persönlichen Schlachten mit Fröhlichkeit und einer dickeren Haut zu gewinnen.

ZITRONE

Farbe: gelb
Gelb bringt die Sonne in Ihre Seele, macht positiv, energiegeladen und motiviert. Gelb ist auch die Farbe des Sendens. Es fördert Ihre Kommunikationsfähigkeit, macht beredsam und gewandt mit Worten. Wirkt öffnend und unterstützt die Fähigkeit, Gefühle, Ideen, Stimmungen und Gedanken besser und klarer zu vermitteln. Außerdem hilft es auch, bestimmte Dinge aus Ihrem Inneren »wegzusenden«, unterstützt also bei mentalen und emotionalen Loslösungsprozessen, bei der Veränderung von Verhaltensmustern oder negativen Denkweisen.
Stärkt Leber- und Nierenfunktion sowie die Nervenkraft.

Form: rundlich
Vermittelt Schutz und Geborgenheit, betont die Gefühlswelt.
Beruhigt die Nerven, wirkt stressabbauend und verstärkt die Intuition.

Geschmack: sauer
Hat warnende Funktion: signalisiert Zurückhaltung und Vorsicht, verhindert Einnahme größerer Mengen.

Bisher erforschte Hauptinhaltsstoffe: Vitamin C, Eisen, Kalzium, ätherische Öle, Zitronensäure.
Stärkt die Immunkraft, wirkt stressabbauend und beruhigend, baut Zähne und Knochen auf, vitalisiert, regt die Magensäureproduktion an.

Der saure Geschmack der Zitrone beugt sehr wirksam einem übermäßigen Genuss der Südfrucht vor – und das aus gutem Grund, denn ein Zuviel an Zitronensäure kann leicht körperliche Unverträglichkeiten mit sich bringen. Und auch feinstofflich ist es nicht gerade erstrebenswert, »sauer« zu sein. In Maßen und als Verfeinerung von Speisen genossen, ist die Zitrone aber sehr gesund und mit ihrer gelben Farbe ein sonniger Stimmungsmacher.

Das Interessante für unseren Küchenzauber sitzt jedoch in der Schale: das duftende ätherische Zitronenöl. Wenn Sie Zitronenschale reiben, steigt Ihnen der unverwechselbar zitronige Duft wunderbar erfrischend in die Nase. Mit diesem Geruch assoziieren wir automatisch Frische, Sauberkeit und Klarheit. Die gesamte Wasch- und Putzmittelindustrie hat sich dies zunutze gemacht und will uns mit synthetischem Zitronenaroma in Geschirrspülmitteln und Weichspülern ein Plus an kraftvoller Frische und Reinheit suggerieren.

Unsere Nase trügt uns beim natürlichen Zitronenöl nicht: Die Duftbotschaft der Zitrone belebt, erfrischt und bringt uns innere Klarheit. Sie reinigt unsere Gedanken von allen Verschleierungen und allem ablenkenden Ballast und bringt sie schneller auf den Punkt. Zusammen mit der Kommunikationsfarbe Gelb bringt Zitronenschale nicht nur köstliche Raffinesse ins Essen, sondern erweist sich auch als einer der besten Freunde von Menschen in geistig fordernden, kommunikativen Berufen. Lehrer, Dozenten und Professoren profitieren nicht nur von dem Redegewandtheit fördernden Gelb und seiner positiven Ausstrahlung sowie von der jede Ermüdung verscheuchenden Duftenergie. Die Schwingung der Zitronenschale hilft ihnen zudem, ihre Gedanken klarer zu ordnen, ihr Wissen nachvollziehbarer zu strukturieren, sich weniger in Abschweifungen zu verzetteln und damit den Stoff sehr viel besser zu vermitteln.

Die Kräfte der Zitrone helfen Ihnen aber auch, wenn Sie eine Erfahrung gemacht haben, nach der Sie sich innerlich irgendwie schmutzig fühlen. Wenn zum Beispiel in irgendeiner Form »schmutzige Tricks« angewandt wurden, an denen Sie beteiligt waren oder die Sie auch nur wissend geduldet haben: Hinterlist, Intrigen, Mobbing, jemanden bewusst für den eigenen Vorteil ausnutzen, anlügen, jemanden ins Messer laufen lassen oder Machtspiele mit Schwächeren. »Reinigen« Sie sich nach solchen Vorfällen mit den Kräften der Zitrone, und Sie werden sich schnell besser fühlen. Eine hervorragende Kombination ist in solchen Situationen Zitronenschale mit Brombeeren. Ein Schälchen Brombeeren etwas überzuckern, ziehen lassen, bis sich Saft bildet, und dann mit frisch abgeriebener Zitronenschale mischen (Leckermäuler gießen noch süße Sahne darüber). Die schwarzen Beeren helfen Ihnen, sich mit Ihrer Beteiligung an dem Vorfall tiefschürfend auseinander zu setzen, während gleichzeitig die Selbstschutzkräfte der Brombeeren und die stimmungsaufhellenden Qualitäten der gelben Zitrone verhindern, dass Sie in Selbstanklage und Selbstmitleid versinken. Wenn Sie dann dank Ihrer Ehrlichkeit und der Gedankenklarheit, die Ihnen die Zitrone vermittelt, mit sich selbst wieder »im Reinen« sind, können Sie, bestärkt durch die Lösungsenergie der Farbe Gelb, erfrischt darüber nachdenken, wie Sie ein solches unkorrektes Verhalten künftig vermeiden.

- Schenkt Redegewandtheit und Gedankenklarheit, wichtig zum Beispiel für Lehrer und Dozenten, und
- hilft, wenn man sich durch eigenes unkorrektes Verhalten innerlich »beschmutzt« fühlt, etwa bei Beteiligung oder Duldung von Betrug, Mobbing, Intrigen oder Machtspielchen.

Vielleicht fragen Sie sich, wie es kommt, dass gerade die Schale das eigentlich Wichtige an der Zitrone ist und ein Übermaß von ihrem Saft sogar schädlich sein kann, wenn der Vitamin-C-Gehalt der Zitrone doch legendär ist. Fruchtfleisch und Saft der Zitrone leisten gerade wegen ihres Vitamin-C-Gehalts bei begrenztem Genuss sehr wohl einen wichtigen Beitrag für die Gesundheit. Aber bedenken Sie, wie unsere Vorfahren vor dem Import der Südfrüchte ihren Bedarf an lebenswichtigem Vitamin C deckten. Sie haben sich zum Beispiel an die absoluten Power-Früchtchen, die Hagebutten, gehalten, die zwanzigmal mehr Vitamin C enthalten als Zitronen.

Es lohnt sich also nicht nur vom kulinarischen Aspekt her, frische Zitronen im Haus zu haben. Abgeriebene Zitronenschale hält sich übrigens in einem gut verschließbaren Behälter etwa drei Tage. Achten Sie darauf, nur die Schale unbehandelter Zitronen zu verwenden – bei der heutigen Behandlung mit hoch konzentrierten Giftstoffen wird sonst aus Ihrer Zauberküche leicht eine Giftküche.

ERDBEERE

Farbe: rot
Signatur für das emotionale Herz, also Liebe, Zuneigung und Leidenschaft. Rot steht für aktives Nach-außen-Tragen von Gefühlen und Überzeugungen, überwindet Hemmungen, stärkt den Willen und die Tatkraft, den Kampfgeist und das Selbstbewusstsein.
Wirkt unterstützend für Herz, Kreislauf und Blutbildung, stärkt die Sexualkraft.

Form: herzförmig (rundlich und länglich)
Die Herzform umfasst männliche und weibliche Qualitäten gleichermaßen (schützend, gefühlsbetont, stressabbauend und zugleich Tatkraft aktivierend, verstandesorientiert, potenzsteigernd). Das bedeutet, dass hier Kräfte walten, die eine Vereinigung der Geschlechter auf Herz- und Körperebene fördern.

Geschmack: süß
Weist auf Energien hin, die harmonisieren, das innere Gleichgewicht und die Stabilität wieder herstellen. Beruhigt die Nerven, hilft, Stress gut zu verarbeiten, und hellt die Stimmung auf.
Hebt körperliches und geistiges Leistungsvermögen.

Bisher erforschte Hauptinhaltsstoffe: Gerbstoffe, Folsäure, Vitamin C, Kalium, Mangan
Wirkt immunstärkend, regt die sexuelle Lust an, entgiftet den Darm, entwässert, nährt Nerven und Gehirn, wirkt blutbildend und blutdrucksenkend.

Die saftige, süße Erdbeere ist die sinnliche Verführerin für beiderlei Geschlecht. In der Literatur und im Film dienen die roten Früchtchen immer wieder als reizvolle Zutat, um gefühlvolle Erotik zu unterstreichen. Da werden beim entscheidenden Rendezvous Erdbeeren als Dessert gewählt und betont sinnlich vernascht, oder bei der anstehenden Verführung steht scheinbar ganz zufällig statt des obligatorischen Obstkorbs eine Schale mit verlockend reifen Erdbeeren bereit. Nicht umsonst ordert auch Richard Gere in einem der erfolgreichsten Liebesfilme der neueren Zeit für seine erste Nacht mit »Pretty Woman« frische Erdbeeren zum Champagner.

Erdbeeren steigern das Verlangen nacheinander – umso aufregender und sehnsüchtiger, da sie nicht nur ganz direkt sexuell anregend wirken. Erdbeeren wecken alle Sinne und machen sie feinfühlig für die spielerische Sprache der Erotik. Dabei wird immer auch mit Gefühlen der Zuneigung, des gegenseitigen Einverständnisses und im besten Fall der Liebe die Herzebene sanft aktiviert und gefördert.

- Stärkt Erotik, Lust und Liebe,
- hilft Kindern, sich angenommen und geliebt zu fühlen, zum Beispiel nach Scheidung oder bei Rivalität unter Geschwistern,
- erleichtert das Akzeptieren und Leben der eigenen Homosexualität.

Und wenn Kinder ihre geliebten Erdbeeren naschen, werden Sie nun einwenden? Natürlich essen sie dann nicht geballte erotische Energie, was weder sinnvoll noch wünschenswert wäre. Schwingungen müssen, um zu wirken, immer auf einen Resonanzboden treffen. Nur bereits vorhandene Energien können zum Klingen gebracht werden, nur, wer geschlechtsreif ist und zum Austausch bereite sexuelle Energie in sich trägt, wird von der erotischen Erdbeerbotschaft erreicht. Kinder profitieren auf andere Weise von den Erdbeerenergien: Die Herzform als Sinnbild der harmonischen Vereinigung weiblicher und männlicher Qualitäten, die jeder Mensch zu verschiedenen Anteilen in sich trägt, stärkt bei Kindern das Gefühl, in ihrem ganzen Wesen ohne Wenn und Aber angenommen und liebenswert zu sein. Eines der wunderbarsten und wichtigsten Gefühle, um zu einer ausgeglichenen, gesunden Persönlichkeit heranzuwachsen. Darum vor allen Dingen genießen

Kinder das Erdbeerenessen so sehr: Sie sind eine Liebkosung für die Seele. Außerdem machen Erdbeeren die wissbegierigen Kindersinne hellwach und aufnahmefähig und unterstützen zusätzlich das unbeschwerte Spiel, das Verarbeiten von Eindrücken, spielerisches Lernen und soziale Kontaktfähigkeit.

Mit diesen Fähigkeiten sind Erdbeeren der Freund aller Kinder, vor allem aber jener Kinder, die gehänselt werden, die sich für die Scheidung der Eltern verantwortlich fühlen oder unter Eifersucht auf ein (meist neu angekommenes) Geschwisterchen leiden. Auch für Jugendliche oder Erwachsene, die Probleme haben, sich zu ihrer Homosexualität zu bekennen und sie zu leben, sind Erdbeeren eine wertvolle Hilfe.

Wenn Sie allerdings keinen gesteigerten Wert darauf legen, dass sich Ihre pubertäre Tochter mit ihrem Klassenkameraden statt gemeinsam Mathe zu büffeln anderweitig in ihrem Zimmer vergnügt, sollten Sie von Erdbeeren als gesunder Nascherei eher absehen.

PAPAYA

Farbe: grün/orange
Außen grün: Bringt in die eigene Mitte, stabilisiert und entspannt, wirkt ausgleichend und regenerierend. Vermittelt Zufriedenheit und Wohlgefühl. Bei allen Störungen der Atemwege sowie bei Krampfzuständen.
Innen orange: Hebt die Lebenslust und Fröhlichkeit, löst Ängste und Depressionen, macht optimistisch, stärkt Toleranz und Weltoffenheit sowie Kreativität. Fördert Verdauung und Stoffwechsel sowie Blasentätigkeit.

Form: länglich
Macht aktiv, tatkräftig, extrovertiert, regt den Verstand an und steigert die Potenz.

Geschmack: süß
Weist auf Energien hin, die harmonisieren, das innere Gleichgewicht und die Stabilität wieder herstellen. Beruhigt die Nerven, hilft, Stress gut zu verarbeiten, und hellt die Stimmung auf.
Hebt körperliches und geistiges Leistungsvermögen.

Bisher erforschte Hauptinhaltsstoffe: Papain, Chymopapain, Papayalysozym, Vitamin C und A, Senföle, Pantothensäure, Kalium, Kalzium. Regt die Verdauung an, stärkt den Knochenaufbau, die Herz- und Muskeltätigkeit und die Immunkraft, ist potenzfördernd, entspannt, sorgt für gute Laune.

Die zu den Beeren zählende exotische Frucht ist Ihr Favorit für alle Situationen, in denen Sie durch Versagensängste blockiert werden oder eine Extraportion Toleranz und Gelassenheit brauchen, um sich auf neuartige Umstände einzustellen.

Die Besonderheit liegt in der Kombination zweier verschiedener Farben von Schale und Fruchtfleisch. Bei vielen Früchten wie Äpfeln, Birnen oder Bananen ist die Schale farbig, das Fruchtfleisch jedoch neutral weißlich. Das bedeutet, dass die äußere Farbe für die Farbschwingung der gesamten Frucht steht und ihr von der Schwingungsstärke her der gleiche oder ein geringerer Anteil zukommt wie Form und Geschmack. Trägt das Innere der Frucht die gleiche Farbe wie die Schale wie etwa bei der Orange oder der Tomate, liegt sozusagen eine Doppelbetonung auf der Energiebotschaft der Farbe; sie wird also als besonders stark beziehungsweise wichtig eingestuft. Unterscheiden sich Schale und Fruchtfleisch in der Farbe wie bei Wassermelone, Pflaume oder eben Papaya, signalisiert dies sehr anschaulich eine Wirkung nach außen auf andere Menschen (äußere Farbe) und zusätzlich eine auf innerliche Prozesse gerichtete Wirkweise (Fruchtinneres).

Das Fruchtfleisch der Papaya ist leuchtend orange. Damit verspricht es in der Sprache der Signaturlehre Kräfte, die innere Ängste lösen, Toleranz fördern, gute Laune und kreativ machen. Die Schale der bei uns erhältlichen Papayas ist meist grün und hilft damit, nach außen ruhig und entspannt zu wirken (es gibt auch Papayas mit oranger und grüngelber Schale). Die Kombination der Farben von innen und außen ist zusammen mit der verstandesbetonten, tatkräftig und potent machenden Energie der länglichen

Form und der stressbewältigenden, geistig aktivierenden Botschaft des süßen Geschmacks ein fantastischer Helfer bei verschiedenen Herausforderungen, insbesondere bei Versagensängsten wie zum Beispiel Prüfungsangst, Konkurrenzängsten und Potenzstörungen und in Situationen, die besondere Toleranz und innere Belastbarkeit erfordern.

Mit Papaya sind Sie vor Prüfungen gut beraten, denn sie löst tiefsitzende Versagensängste, entkrampft und hilft Ihnen, Ihre Nervosität in den Griff zu bekommen. Nachdem die Angst Sie nicht mehr blockiert, ist die Bahn frei für das Wirken der übrigen Papayakräfte, die sich auch in Prüfungssituationen bewähren: Sie regen den Verstand an, fördern die Kreativität (was hilfreich sein kann, um eventuelle Wissenslücken zu kaschieren) und lassen Sie ruhig und Ihrer Sache sicher erscheinen.

- Hilft bei Versagensängsten wie zum Beispiel Prüfungsangst, Konkurrenzängsten und Potenzstörungen,
- stärkt die Toleranz und die innere Belastbarkeit.

»Neue Besen kehren gut« sagt die Volksweisheit, und vielleicht haben Sie es schon selbst erlebt, dass in der Firma Neuzugänge gerade in den höheren Etagen in der ersten Zeit besonders hofiert werden. Das ärgert nicht nur ob der Ungerechtigkeit. Unwillkürlich steigt meist die Angst hoch, dass die Vorschusslorbeeren gerechtfertigt sein könnten und sich der neue Kollege zur ernst zu nehmenden Konkurrenz auswächst. Ängste wirken immer kontraproduktiv. Sie lähmen, blockieren, verkrampfen und bewirken schließlich, dass man mehr Fehler macht, nicht mehr so viel leistet und der Verstand nur noch auf Sparflamme arbeitet. Man gibt von sich ein schlechteres Bild ab als vor der Konkurrenzsituation, wirkt obendrein nicht mehr so sympathisch und macht dadurch alles nur noch schlimmer. Eine Papayakur hilft, die Angst, mit dem oder der Neuen nicht mithalten zu können und überflügelt zu werden, zu besänftigen, die Vorschusslorbeeren mit Nachsicht zur Kenntnis zu nehmen und selbst verstärkt Aktivität und Motivation zu zeigen. So sorgt sie dafür, dass die anderen und vor allem Ihre Vorgesetzten von Ihrem inneren Dilemma nichts mitbekommen und Sie als teamfähigen, souveränen und sympathischen Kollegen mit guter Laune schätzen.

Das männliche sexuelle Selbstwertgefühl ist sehr sensibel und wird oft falsch eingeschätzt. Ein dummer Scherz über Penisgrößen, starke berufliche Anspannung oder unbedacht geäußerte Erwartungen seitens der Frau können genügen, um Potenzstörungen hervorzurufen. Das Erleben einer solchen Störung kann eine Verunsicherung zu einer massiven Versagensangst steigern. Und die wiederum erhöht die Zahl der »Störfälle« ... Helfen Sie sich oder Ihrem Partner mit der Kraft der Papaya! Sie entspannt und bringt ins innere Gleichgewicht, baut Stress ab, löst die Angst vor einem »Reinfall« und stärkt gleichzeitig Potenz und Zeugungsfähigkeit. Die unbeschwert-potente Karotte ist dabei übrigens eine gute Ergänzung.

Etwas anders sind die Belastungen, denen sich die Eltern pubertierender Jugendlicher ausgesetzt sehen. Oft werden sie mit neuen, für sie unverständlichen bis provokanten Meinungen, Verhaltensweisen und Vorlieben konfrontiert. In dieser Situation bestärkt die Papaya die stark geforderten Eltern, dem Jugendlichen ruhiger und mit möglichst großer Gelassenheit zu begegnen. Innerlich unterstützt sie die nötige Toleranz, hilft, die Nerven nicht zu verlieren und Wege zu finden, effektiver damit umgehen zu können.

WALNUSS

Farbe: braun
Signatur der Erdkraft, vitalisiert,stärkt den Realitätssinn und das Körperbewusstsein.

Form: rund
Vermittelt Schutz und Geborgenheit, betont die Gefühlswelt.
Beruhigt die Nerven, wirkt stressabbauend und verstärkt die Intuition.

Geschmack: süßlich
Weist auf Energien hin, die harmonisieren, das innere Gleichgewicht und die Stabilität wieder herstellen. Beruhigt die Nerven, hilft, Stress gut zu verarbeiten,

und hellt die Stimmung auf.
Hebt körperliches und geistiges Leistungsvermögen.

Bisher erforschte Hauptinhaltsstoffe: Fett, Zink, Kalium, Magnesium, Phosphor, Schwefel, Eisen, Kalzium, Vitamin A, B_1, B_2, B_3, C, E und Pantothensäure.
Wirkt regenerierend, stärkt Nerven und Gehirn, verbessert die Konzentration, wirkt stressabbauend, stärkt die Sehkraft, stimuliert die Verdauung, aktiviert Herz- und Muskeltätigkeit, regt die Blutbildung an.

Die Signatur der Form des Walnusskerns ist so auffallend, dass sie sogar in der breiten Öffentlichkeit bekannt ist: Der eigentümlich geformte Kern erinnert an das Gehirn, und viele nennen die Nüsse daher auch »Nervenfutter«. Tatsächlich ist eine der hervorragendsten Eigenschaften, die uns die Walnuss schenkt, ihre außerordentliche Wirkung auf die Nerven und die Gehirnleistung. Zusätzlich betont durch die runde Form und den süßlichen Geschmack, stärkt sie die Konzentrationsfähigkeit, die Nerven und deren Belastbarkeit und aktiviert unseren Verstand zu Höchstleistungen. Für jeden, der geistig arbeiten muss, und besonders für Menschen, die unter Konzentrationsschwierigkeiten leiden, ist die Walnuss eine machtvolle Unterstützung.

Auch Menschen, die sich selbst unter einen übergroßen Leistungsdruck setzen, dabei immer wieder an ihren Fähigkeiten zweifeln und sich selbst fast verrückt machen, sind »Walnuss-Kandidaten«. Die rundliche Gestalt des Nusskerns und der süße Geschmack weisen nach der F-F-G-Formel auf seine nervenberuhigenden Kräfte hin – unter der Landbevölkerung übrigens ein altüberliefertes Wissen. Eine Türkin erzählte, dass es in früherer Zeit bei ihnen im Hinterland üblich war, schwer zu beruhigende Babys und Kleinkinder unter einen Walnussbaum zu legen. Man durfte die Kinder allerdings nicht zu lange unter dem Baum lassen, denn, so hieß es, die beruhigenden Kräfte des Walnussbaums seien so stark, dass die Kinder bei längerer Einwirkung nicht nur einschlafen, sondern sogar entschlafen würden. Dass nicht nur die Nüsse, sondern tatsächlich der ganze Baum sedierende Energien hat, können Sie ganz leicht selbst nachprüfen: Gehen Sie zum nächsten Walnussbaum, zerreiben Sie eine Hand voll möglichst noch junger Blätter zwischen Ihren Händen, stecken Sie dann Ihre Nase hinein und atmen Sie mit geschlossenen Augen tief ein. Der köstliche Duft wird in Ihnen augenblicklich für ein paar Minuten ein tiefes Gefühl der Ruhe auslösen.

Die Walnuss besänftigt nicht nur, sondern sorgt mit ihren starken Schutzenergien (runde Form und besonders gut schützende harte Schale) weiter dafür, dass sich die Seele vorsichtig entspannen kann. Auch die Walnussfrucht mit ihren runden grünen Kräften unterstützt und hilft dabei, das seelische Gleichgewicht wieder herzustellen, sich zu entkrampfen und innerlich zur Ruhe zu kommen. So werden die Walnussesser wieder fähig, sich zu konzentrieren, die Verstandeskräfte können sich entfalten, das Selbstvertrauen steigt und die Belastbarkeit der Nerven ebenfalls, so dass nicht gleich nach ein paar Stunden die nächste Krise ansteht.

- stärkt Verstand und Konzentration,
- hilft extremen Kopfarbeitern, wie Wissenschaftlern und Forschern, den Bezug zum realen Alltagsleben nicht zu verlieren,
- beruhigt und besänftigt die Nerven und ein aufgewühltes Gemüt,
- unterstützt Leistungssportler mit ihren regenerierenden Vitalkräften, erhöhter Konzentrationsfähigkeit und gesteigertem Körperbewusstsein.

Für eine Gruppe von Geistesarbeitern hat die Walnuss ein besonderes Geschenk parat. Für die Spezialisten in Forschung und Wissenschaft nämlich, die so intensiv mit ihrem Spezialgebiet beschäftigt sind, dass sie dort zwar Hervorragendes leisten, für den Rest des Lebens und all seine Alltäglichkeiten jedoch völlig ungeeignet erscheinen – wenn sie es denn überhaupt noch bemerken ... Das klassische Bild des zerstreuten Professors also, fachlich hoch gerühmt und mit seinen Publikationen international beachtet, der in seinem unmittelbaren privaten Umfeld jedoch kläglich versagt: schmutzige Wäsche im Papierkorb, die Brille im Geschirrspüler, die nassen Turnschuhe in der Mikrowelle ... und nach zwei Jahren fragt er immer noch jedes Mal, wie denn nun seine Putzfrau oder die Nachbarin heißt. Der Mangel an Wahrnehmung für das Leben jenseits ihres Berufs belastet solche Menschen natürlich und steht auch einem normalen privaten Glück im Weg. Statt unzählige tröstende Schokoriegel würden sie aber besser Walnüsse essen. Die Walnuss wächst in den luftigen Höhen des großen Walnussbaums – nach der Signaturlehre konzentieren sich Geisteskräfte umso stärker, je »luftiger« eine Frucht hängt. Oder umgekehrt gesagt, was näher zu unseren Füßen wächst, hat die Energien der Bodenständigkeit, und in Richtung unseres Kopfes, himmelwärts, wirken vermehrt die Kräfte für Geist und Verstand. Die Walnuss stärkt also alle verstandesorientierten Fähigkeiten und auch die geistesbetonte Beschäftigung. Gleichzeitig hilft die braune Nuss mit ihrer Erdkraft aber auch, die Füße ein bisschen mehr auf den Boden zu bekommen, dem Realitätssinn mehr Beachtung zu schenken und sich nicht mit dem Kopf in den Wolken zu verlieren.

Auch für Leistungssportler ist die Walnuss eine echte Bereicherung. Nicht nur, weil sie ein wahres Kraftpaket an regenerierenden und vitalisierenden Energien ist, den Wettkampfstress und Erfolgsdruck leichter bewältigen lässt und die Nerven stärkt. Sie unterstützt auch wirkungsvoll die mentale Vorbereitung, die Konzentration vor dem Start, und – besonders wichtig im Sport – sie steigert das Körperbewusstsein.

Vorsicht bei bereits ausgelöst gekauften Walnüssen: Da die Nüsse leicht schimmeln, sind sie meistens mit Schwefel behandelt. Kaufen Sie lieber ganze Walnüsse – sie sind nicht nur gesünder und wirkungsvoller, die beschauliche Beschäftigung des Nüsseknackens beruhigt zusätzlich noch die Nerven.

APFEL

Farbe: rot
Signatur für das emotionale Herz, also Liebe, Zuneigung und Leidenschaft. Rot steht für aktives Nach-außen-Tragen von Gefühlen und Überzeugungen, überwindet Hemmungen, stärkt den Willen und die Tatkraft, den Kampfgeist und das Selbstbewusstsein.
Wirkt unterstützend für Herz, Kreislauf und Blutbildung, stärkt die Sexualkraft.

Form: rund
Vermittelt Schutz und Geborgenheit, betont die Gefühlswelt.
Beruhigt die Nerven, wirkt stressabbauend und verstärkt die Intuition.

Geschmack: süß
Weist auf Energien hin, die harmonisieren, das innere Gleichgewicht und die Stabilität wieder herstellen. Beruhigt die Nerven, hilft, Stress gut zu verarbeiten, und hellt die Stimmung auf.
Hebt körperliches und geistiges Leistungsvermögen.

Bisher erforschte Hauptinhaltsstoffe: Ballaststoffe, Pektin, Tartarinsäure, Vitamin C, Flavone, Kalium, Kalzium, Phosphor, Eisen, Natrium, Gerbstoffe, ätherische Öle.
Reinigt den Darm, reguliert die Verdauung, kräftigt Herz und Immunsystem, kurbelt den Stoffwechsel an, vitalisiert, stärkt Nieren-, Nerven- und Muskeltätigkeit.

Eigentlich müsste es »die« Apfel heißen, denn die Frucht gilt von jeher als ein Symbol für das Weibliche, für Liebe und Leben. Mit unserem Wissen über die Signaturlehre ist dies gut nachzuvollziehen: rot für die Liebe und rund für die lebensspendende Weiblichkeit. So trugen auch Göttinnen rund um den Erdball und durch die Jahrhunderte den Apfel als ihr Attribut. Also, meine Damen, nutzen Sie »Ihre« Frucht, um eine liebevolle Stimmung, getragen von einer urtypisch weiblichen Energie, zu verbreiten.

Vielleicht stutzen Sie jetzt, weil Sie gerade unwillkürlich an den Sündenfall gedacht haben und der Ausdruck »liebevolle Stimmung« so gar nicht nach einer aufreizenden Eva klingt, die ihren Adam mit einem Apfel verführt? Wer Äpfel serviert, um sich in die Aura der unwiderstehlichen Verführerin zu hüllen und den sexuellen Appetit eines Mannes anzuregen, sendet die falsche Botschaft aus. Aus der uralten Bildersprache der Bibel geht nirgendwo hervor, dass sich Adam nach dem Apfelbiss auf die nackte Eva stürzte. Und der Apfelbaum – erinnern Sie sich – wird nicht »Baum der Verführung« oder »Baum der Fleischeslust«, sondern »Baum der Erkenntnis« genannt. Es sind auch nicht irgendwelche Frauen oder besonders erotische Frauen, die in den verschiedenen Mythen den Apfel als Zeichen tragen. Es sind Göttinnen. Göttinnen, die das Prinzip der Urmutter, die immerwährende Magie der Weiblichkeit vertreten: Liebe verströmend, tröstend, Geborgenheit schenkend, mitfühlend, verzeihend, verstehend, kurz: andere nicht mit den Augen, sondern mit dem Herzen sehend. Und genau darin besteht die besondere Unterstützung des Apfels: Er hilft, mit dem Herzen zu sehen.

Was hat nun die moderne Eva davon, wenn sie ihrem Adam duftende Apfelküchlein reicht? Vielleicht hat sie schon sechs heiße Liebesnächte mit ihrem neuen Lover hinter sich und will langsam mehr. Sie findet, dass er bei allem Interesse für ihren Körper zu wenig Interesse für ihr Wesen zeigt, für die Dinge an ihr, die man nicht ansehen oder anfassen kann. Die Schwingung des Apfels – am besten kombiniert mit einer blauen Frucht für Seelentiefe – hilft, seine überschäumende Körperlichkeit ein wenig hintanzustellen und das zu erspüren, was es noch an Unbekanntem und Geheimnisvollem an ihr zu erforschen gibt. Und wenn auch Sie gerne mehr von Ihrem Liebsten wüssten, sich wünschen, dass er Ihnen seine Seele öffnet, sich mit Ihnen austauscht, dann naschen auch Sie kräftig von den Äpfeln! Äpfel verhelfen Ihrer Ausstrahlung urweiblicher Magie zu besonderer Leuchtkraft: Er fühlt sich angenommen, so wie er ist, ohne Wertung und Urteil, eingehüllt in liebvolle Anteilnahme. Aromatisieren Sie die von Ihnen bevorzugte Apfelspeise mit abgeriebener Zitronenschale. Das gibt nicht nur ein raffiniertes Aroma, sondern stärkt zusätzlich seine Redefreudigkeit und die Bereitschaft, sich zu öffnen. Allerdings ist es dann an Ihnen, die Stimmung nicht mit einem Kommentar wie »Wie konntest du nur!« oder »Das hätte ich nicht von dir gedacht« zu zerstören.

- Fördert Mitgefühl, Verstehen und Akzeptieren,
- erleichtert »Seelen-Beichten« und das Herz auszuschütten,
- bestärkt Frauen in ihrer Urweiblichkeit.

Natürlich funktioniert dasselbe auch von Frau zu Frau. Täte es Ihrer Freundin gut, sich etwas von der Seele zu reden, scheut sie sich aber aus Sorge, was Sie dann von ihr denken könnten? Teilen Sie sich einen süßen Apfel, trinken Sie heißen, frisch gepressten Apfelsaft mit einem Schuss Zitrone, oder schlachten Sie gemeinsam eine Apfeltorte. Auch ein »Tut mir leid« geht eingehüllt in die verzeihende Schwingung des Apfels viel leichter von den Lippen ...

Eltern oder Pädagogen profitieren von der im wahrsten Sinne des Wortes göttlichen Frucht: Kinder beichten Streiche, Lügen, vermeintliches Versagen oder auch verborgene Ängste leichter, wenn Sie Ihnen verstehende, tröstliche Apfelenergie senden. Essen Sie also während eines solchen Gesprächs Apfelschnitze. Kinderherzen erleichtern sich übrigens viel lieber, wenn ihnen ihr Gegenüber nicht ins Gesicht starrt, sondern sich zum Beispiel auf den Apfel konzentriert, den es zu schälen gilt.

Bei allen »mütterlichen« Qualitäten, die ein rotbackiger Apfel so freigiebig verschenkt, deutet seine Signatur – rot und rund – eindeutig auch eine Wirkung auf die weibliche Sexualität an. Natürlich! Stellen Sie sich vor, wie viel mehr eine Frau Sex genießen kann, wenn sie sich urweiblich fühlt, als Inbegriff jener, die den Mann in sich aufnimmt und ihn ganz mit ihrer Energie umhüllt, die sich ihrer wunderbaren Macht bewusst ist und sich dabei völlig hingeben kann.

Sind Sie ein Mann in leitender Position? Müssen Sie jeden Tag mit viel Macht und Verantwortung umgehen? Natürlich bedürfen die Entscheidungen, die Sie treffen müssen, Ihres scharfen, geschulten Verstandes. Aber denken Sie daran, dass Ihr Verstand ein Produkt aus Erfahrungen, Prägungen, Angelerntem und Programmierungen ist. Zu wahrem Erfolg braucht es oft gerade auch das »Bauchgefühl«, die Intuition und das entscheidende Quentchen Einfühlungsvermögen, das die Zeichen richtig zu deuten vermag. Nicht umsonst erhielten Könige Zepter und Reichsapfel als Zeichen für eine weise Herrschaft, die zu gleichen Teilen vom männlichen, verstandesorientierten Prinzip (dem phallusförmigen Zepter) und dem weiblichen, herzgeleiteten Prinzip bestimmt sein sollte. Gerade bei wichtigen Gesprächen mit Mitarbeitern kann Ihnen die Apfelenergie besonders nützlich sein. Ihr gesamter Führungsstil wird davon profitieren und darüber letztlich Ihr ganzes Unternehmen oder Ihr Unternehmensbereich. Sollten Sie die unentbehrliche rechte Hand eines Machtmenschen sein, schieben Sie ihm zwischendurch statt des gewohnten Tellers mit Keksen oder dem belegten Brötchen einen Teller mit hübsch angerichteten Apfelstücken unter. Ihre Kollegen (und Sie selbst) werden es Ihnen danken!

Ob rot, grün oder gelb – die Botschaft des weiblichen Urprinzips wohnt in jedem Apfel. Die Farbe verschiebt lediglich den Fokus etwas: Liegt beim roten Apfel die Betonung auf liebevoller Herzenergie, so unterstreicht der grüne Apfel das Finden der eigenen Mitte, die Konzentration auf Herzensangelegenheiten. Darum sind grüne Äpfel hervorragend für Workaholics, die nicht abschalten können und deren Beziehungen kriseln, weil sie auch zu Hause immer noch geistig die Akten durchgehen und nur mit halbem Ohr zuhören. Gelbliche Äpfel (immer ein zurückhaltendes Gelb, kein Sonnengelb) unterstützen neben Optimismus Zartgefühl und Einfühlungsvermögen und helfen, sich zugunsten des anderen – zum Beispiel im Gespräch mit sehr scheuen, unsicheren Menschen – zurückzunehmen.

BIRNE

Farbe: goldgelb
Macht positiv und motiviert. Fördert die Beredsamkeit sowie Diplomatie und Einfühlsamkeit im Gespräch. Wirkt öffnend und unterstützt die Fähigkeit, Gefühle, Ideen, Stimmungen und Gedanken besser und klarer zu vermitteln. Hilft außerdem, bestimmte Dinge aus Ihrem Inneren »wegzusenden«, unterstützt also bei mentalen und emotionalen Loslösungsprozessen, bei der Veränderung von Verhaltensmustern oder negativen Denkweisen.
Stärkt Leber- und Nierenfunktion sowie die Nervenkraft.

Form: herzförmig (rundlich und länglich)
Die Herzform umfasst männliche und weibliche Qualitäten gleichermaßen (schützend, gefühlsbetont, stressabbauend sowie Tatkraft aktivierend, verstandesorientiert, potenzsteigernd). Das bedeutet auch, dass hier Kräfte walten, die eine Vereinigung der Geschlechterprinzipien auf Herz- und Körperebene fördern.

Geschmack: süß
Weist auf Energien hin, die harmonisieren, das innere Gleichgewicht und die Stabilität wieder herstellen. Beruhigt die Nerven, hilft, Stress gut zu verarbeiten, und hellt die Stimmung auf.
Hebt körperliches und geistiges Leistungsvermögen.

Bisher erforschte Hauptinhaltsstoffe: besonders gute Balance von »Gegenspielern« unter den Biostoffen Kalium – Natrium, Kupfer – Zink, Kalzium – Phosphor, Folsäure, Vitamine C und B, Carotin, Ballaststoffe, Magnesium, Eisen, Kieselsäure.
Nervenstärkend, entgiftend, löst Verstopfung, wirkt darmreinigend, blutbildend, wachstumsfördernd.

Birnen sind die Diplomaten unter den Früchten. Ihr gedecktes Goldgelb weist sie als feinfühlige Botschafter unaufdringlicher Kontaktfreude, positiver Ausstrahlung und gewandter Gesprächsführung aus. Dazu kommt die sowohl Männliches als auch Weibliches vereinende Formensignatur der Birne, die ein weiteres Indiz für das verbindende, vermittelnde und Gegensätze überbrückende Talent der saftig-süßen Frucht ist.

Vielleicht würden Politiker auf Wirtschaftsgipfeln oder Krisentagungen sehr viel schneller eine Einigung erzielen, wenn das obligatorische Menü rund um die Birne komponiert würde. Aber die Birne braucht nicht das internationale Parkett, um ihren erstaunlichen Nutzen zu entfalten. Ist der Erfolg Ihrer Geburtstagsparty gefährdet, weil zwei Ihrer Gäste frisch getrennte Ex-Partner sind, die neben den Geschenken jede Menge Zündstoff im Gepäck haben? Haben sich die Schwiegereltern angesagt und Ihr Partner hat schon jetzt schlechte Laune? Steht die alljährliche Familiendiskussion über den Sommerurlaub bevor, nach der sich in der Regel jeder fragt, ob er die Ferien nicht lieber allein verbringt? In allen Situationen, in denen verschiedene Charaktere, Meinungen, Ansprüche, Vorstellungen und Ziele möglichst harmonisch unter ein Dach gebracht werden sollen, haben Sie in der Birne einen geschickten Verbündeten.

Auch grüne Birnen fördern verbindende Qualitäten, jedoch liegt bei ihnen die Betonung nicht auf der Diplomatie, sondern – wie ihre Farbe anzeigt – auf einer harmonisierenden Energie. Wenn Sie in Gesellschaft sowieso immer die Rolle der Vermittlerin oder des Friedensstifters spielen, tut es Ihnen vielleicht ganz gut, gezielt anderen von dieser Energie abzugeben: Servieren Sie grüne Birnen, und halten Sie sich selbst an andere Speisen.

Birnen mit roter oder rosiger Tönung deuten immer auf die besondere Herzlichkeit hin, die sie in Verbindung mit ihrer Vermittlungsqualität schenken. In einer Runde rein beruflich zusammengekommener Menschen, der es an der emotionalen Note mangelt (kalte, konkurrenzgeprägte oder uninspirierte Atmosphäre, mangelnder Teamgeist), oder bei Zusammentreffen von überwiegend einander Fremden, die unsicher und sehr zurückhaltend aufeinander reagieren, können Birnen mit rosa oder roter Tönung positiv wirken.

- Fördert Diplomatie und harmonische Kontakte,
- beruhigt und stabilisiert,
- lässt heilsame Tränen fließen.

Doch damit ist das Geheimnis der Birne erst zur Hälfte gelüftet. Ein guter Freund, der sehr naturverbunden ist, zeigte einmal auf unseren erntereifen Birnbaum und sagte: »Da hängen die Birnen wie goldene Tropfen im Baum – wie Tränen der Götter.« Ohne es zu ahnen hatte er damit den Nagel auf den Kopf getroffen und die tiefere Botschaft der Birnen benannt: Sie helfen bei Kummer, der wie ein dunkler, schwerer Kloß in unserer Brust festsitzt. Wie alle goldgelben Früchte bringen Birnen das Licht und die Wärme der Sonne in unsere Seele und klopfen an verschlossene Herzen. Das Runde, Süße an ihnen bringt Trost, beruhigt und stabilisiert das aufgewühlte Innenleben. Und schließlich sorgt die Schwingung der länglichen Form dafür, dass man sich nicht hängen lässt, sondern Mut fasst für die Zukunft. Aber so, wie Wunden oft nicht heilen, wenn man sie nicht aufschneidet, damit der Eiter abfließen kann, so heilen auch unsere inneren Wunden manchmal erst, wenn man den ganzen Schmerz herausweint. Diesen Prozess zu fördern, die Tore für die heilsamen Tränen zu öffnen, die den Kummer aus uns herauswaschen, das ist das besondere Geschenk der Birnen.

KIRSCHE

Farbe: rot
Signatur für das emotionale Herz, also Liebe, Zuneigung und Leidenschaft. Rot steht für aktives Nach-außen-Tragen von Gefühlen und Überzeugungen oder auch die Fähigkeit, auf andere zuzugehen, überwindet Hemmungen, stärkt den Willen und die Tatkraft, den Kampfgeist und das Selbstbewusstsein.

Wirkt unterstützend für Herz, Kreislauf und Blutbildung, stärkt die Sexualkraft.

Form: rund
Vermittelt Schutz und Geborgenheit, betont die Gefühlswelt.
Beruhigt die Nerven, wirkt stressabbauend und verstärkt die Intuition.

Geschmack: süß
Weist auf Energien hin, die harmonisieren, das innere Gleichgewicht und die Stabilität wieder herstellen.
Beruhigt die Nerven, hilft, Stress gut zu verarbeiten, und hellt die Stimmung auf.
Hebt körperliches und geistiges Leistungsvermögen.

Bisher erforschte Hauptinhaltsstoffe: Anthozyane, Vitamin C, Zink, Folsäure, Kalzium, Eisen, Kalium.
Wirkt entzündungshemmend, lindert Gicht- und Gelenkerkrankungen, hilft beim Bindegewebsaufbau und schützt das Bindegewebe, für schöne Haut, wirkt verjüngend.

Wie der Apfel zeichnet sich auch die Kirsche durch die Signaturmerkmale rot, rund und süß aus. Beide Früchte sind denn auch in ihrer Wirkung vergleichbar.

Aufgrund der F-F-G-Formel wissen Sie inzwischen, dass es sich bei beiden um eine Botschaft für Herz, Harmonie und Nervenkraft handelt und dass auch etwas Sexuelles mit hineinspielt. Wenn Sie liebevolle Energien unterstützen wollen, inneren Ausgleich schaffen und Stress besser bewältigen möchten oder eine Bereicherung Ihres Sexlebens wünschen, liegen Sie immer richtig, wenn Sie sich einen Apfel oder eine Kirsche aus der Obstschale angeln. Um die feinen, aber oft entscheidenden Unterschiede herauszuspüren, brauchen Sie nicht die höheren Weihen der Signaturmethode. Es geht auch ganz einfach mit den Ihnen zur Verfügung stehenden Sinnen, die – manchmal zwar noch etwas eingerostet – wie feinste Wahrnehmungsantennen funktionieren.

Stellen Sie sich drei Frauen vor, alle drei schlank, attraktiv und 25 Jahre alt. Und alle drei tragen das gleiche rote Kleid. Trotzdem wirkt die eine eher wie eine süß-verführerische Kindfrau, die andere wie eine männermordende Amazone und die dritte wie ein

wandelndes Feuerwerk an Lebenslust. Ihre unterschiedliche Ausstrahlung rührt von ihren unterschiedlichen Charakteren her, und das Rot des Kleides betont jeweils genau die Facette der »Botschaft Rot«, die dem Wesen der jeweiligen Trägerin am meisten entspricht.

Genauso verfahren Sie mit den fruchtigen Powerpaketen: Lesen Sie nochmals alle Wirkaspekte der Farbe Rot durch und denken Sie dann an einen Baum voller reifer, saftiger, süßer Kirschen. Kommen Ihnen Assoziationen wie Kampfgeist oder energische Willenskraft in den Sinn? Wahrscheinlich nicht. Sie werden eher bei der sanften Herzensseite der Farbe Rot wie Zuneigung und Freundlichkeit zustimmend nicken. Und wenn Sie den Kirschbaum vor Ihrem inneren Auge weiter betrachten, steigen vielleicht unvermittelt Erinnerungen an Ihre Kindheit oder Bilder Ihrer eigenen Kinder in Ihnen auf. Kirschen üben ähnlich wie Erdbeeren eine magische Anziehungskraft auf Kinder aus. Und es ist nicht allein das Naschen und Schmausen, Kirschen laden fast unwiderstehlich zum Spielen ein: Da werden die zusammenhängenden Kirschenpaare über die Ohren gehängt, man lockt sich gegenseitig mit den dicksten Fundstücken und der andere muss danach springen oder schnappen, und Kirschkern-Weitspucken hat schon die besterzogenste junge Dame zum Mitmachen verführt. Auch bei Erwachsenen wecken Kirschen auf sonderbare Weise den Spieltrieb – besonders bei verliebten Pärchen werden Kirschen, zum Beispiel beim gemeinsamen Picknick, zu einem beliebten Spielzeug für zärtliche Neckereien mit erotischem Unterton.

Und damit sind wir schon beim Wesen und der Botschaft der Kirsche angekommen: Die Kirsche weckt auf spielerische Weise Ihre gesellige Seite. Sie erleichtert es, aus sich heraus und auf andere zuzugehen, dabei eventuelle Hemmungen zu überwinden und der Kontaktfreude beziehungsweise dem Beisammensein eine freundliche, unbeschwert harmonische Note zu verleihen. Nicht umsonst wachsen Kirschen selten als Einzelfrucht, sondern zeigen ihre Freude an der Gesellschaft, indem sie meist in Büscheln oder zumindest paarweise zusammenhängen.

- Stärkt Kontaktfreude und Geselligkeit,
- hilft, Freundschaften und Bindungen zu leben und zu erhalten,
- fördert bei Kindern unbeschwertes Spielen,
- weckt spielerische Erotik.

Und auch sonst liefern Kirschen gerade für Kinder alles, was sie zum Erlernen und Erleben des sozialen Miteinanders brauchen. Auf körperlicher Ebene unterstützen sie unter anderem das Wachstum, die Widerstandsfähigkeit, die Nerven- und Gehirnfunktion, stärken Herz und Kreislauf und machen fit und aktiv. Auf feinstofflicher Ebene helfen sie, Freundschaften und Bindungen aufzubauen beziehungsweise zu leben, Seele und Geist hellwach für die Aufnahme und Verarbeitung aller Erlebnisse zu machen und obendrein in lebendigen Kontakt mit den eigenen Gefühlen zu kommen.

Wann immer sich Erwachsene in größerer Runde unwohl fühlen, in der Zweisamkeit schlecht Gefühle zeigen können oder zu wenig im Du leben, sollten sie mit Kirschen enge Freundschaft schließen. Und wo das Sexualleben mit erotischen Spielereien und einem Schuss unbeschwerter Fantasie beflügelt werden soll, haben Kirschen ihren festen Platz auf dem Nachttisch ...

KIWI

Farbe: braun/grün
Außen braun: Signatur der Erdkraft, vitalisiert, stärkt den Realitätssinn und das Körperbewusstsein.
Innen grün: Bringt in die eigene Mitte, stabilisiert und entspannt, wirkt ausgleichend und regenerierend. Vermittelt Zufriedenheit und Wohlgefühl.
Bei allen Störungen der Atemwege sowie bei Krampfzuständen.

Form: rund
Vermittelt Schutz und Geborgenheit, betont die Gefühlswelt.
Beruhigt die Nerven, wirkt stressabbauend und verstärkt die Intuition.

Geschmack: süß-sauer
Süß: Weist auf Energien hin, die harmonisieren, das innere Gleichgewicht und die Stabilität wieder

herstellen. Beruhigt die Nerven, hilft, Stress gut zu verarbeiten, und hellt die Stimmung auf. Hebt körperliches und geistiges Leistungsvermögen.
Sauer: Hat warnende Funktion: signalisiert Zurückhaltung und Vorsicht, verhindert Einnahme größerer Mengen.

Bisher erforschte Hauptinhaltsstoffe: Vitamin C, Magnesium, Gerbsäure, Actinidin.
Stärkt das Immunsystem, den Stoffwechsel, Herztätigkeit, Bindegewebe und Hormonproduktion sowie die Nervenkraft.

Die Kiwi ist der Favorit für Choleriker, Berufsanfänger und professionelle Helden.

Wie jede zweifarbige Frucht unterstützt sie sowohl eine gewisse Ausstrahlung nach außen, auf andere sowie eine weitere, ganz auf das eigene Innere gerichtete Wirkung. Kiwis haben grünes Fruchtfleisch. Das bedeutet, sie schenken Impulse zur Lösung innerer Anspannung, vermitteln seelische Stabilität und Gelassenheit. Zusammen mit der runden Form und der süßen Geschmackskomponente werden Beruhigung, Bewältigung von Stresssituationen und die Harmonisierung des inneren Gleichgewichts besonders betont. Wer braucht solch starke Geschütze an besänftigender Nerven- und Seelenstützkraft? Es sind die Temperamentsbündel unter uns, deren Jähzorn die Kiwi kühlt und denen sie hilft, dass bei ihrer häufig ungebremsten Leidenschaftlichkeit nicht »die Gäule mit ihnen durchgehen«. Wichtig ist dabei die zusätzliche saure Geschmacksnote: Als warnende Signatur der Zurückhaltung trägt sie dazu bei, den Überschwang der Emotionen in Wort und Tat ein wenig zu zügeln.

Während die Energien von Grün, Rund, Sauer und Süß auf das aufgewühlte Gemüt einwirken, schafft es die Schwingung der braunen Kiwischale, Ihre Wirkung nach außen zu beeinflussen. Choleriker verlieren oft den Boden der Sachlichkeit unter den Füßen und wirken dann fast lächerlich, zum anderen kostet sie die Aufregung meist so viel Kraft, dass unmittelbar nach einem »Ausbruch« ihr körperliches und geistiges Leistungsniveau ebenso wie ihre autoritäre Ausstrahlung (zum Beispiel bei Menschen in Führungspositionen) gleichsam in sich zusammenfallen. Dann hilft die braune Erdkraft, die Fakten im Auge zu behalten, und stellt gleichzeitig vitalisierende Impulse zur Verfügung, die einem Kräfteabfall entgegenwirken.

Ähnlich nützlich ist die besondere Wirkkombination der Kiwi für Berufsanfänger. Ohne fundierte Sachkenntnis, mit wenig Erfahrung auf dem glatten Parkett des kollegialen Sozialgefüges und unter enormem (Selbst-)Erwartungsdruck entwickeln viele Neulinge eine Art sich wild überschlagenden Übereifers, der ihnen ganz im Gegensatz zu ihrer Absicht keine Pluspunkte bei Kollegen und Vorgesetzten bringt. Da werden zum Beispiel bereits am dritten Arbeitstag jede Menge Verbesserungsvorschläge gemacht, die waches Interesse und konstruktives Mitdenken demonstrieren sollen, von den älteren Betriebshasen aber als vorlaute Besserwisserei empfunden werden. Um Unsicherheit zu vertuschen und um zu zeigen, dass sie »dazugehören«, beteiligen sie sich oft übereilt am Firmenklatsch und ergehen sich in überschwenglichen Vertraulichkeits- und Solidaritätsbezeugungen zu einzelnen Kollegen – was gerade beim Chef alles andere als gut ankommt. Die Botschaft der Kiwi hilft, mit dem Leistungsdruck besser fertig zu werden und den neuen Anforderungen unverkrampft und aufmerksam zu begegnen. Sie unterstützt den oft blind engagierten Neuling dabei, den ersten Überschwang zugunsten realistischer Wahrnehmung der innerbetrieblichen Um- und Zustände zu zügeln, bis er einigermaßen weiß, wie der Hase läuft. Und schließlich hilft die Kiwi, den ersten Eindruck ein wenig zu korrigieren, indem sie die für Anfänger typische Ausstrahlung von Unsicherheit und Übereifer durch die Botschaft eines bodenständigen »Ich weiß, was ich bin und was ich zu tun habe« unterlegt. Ganz wichtig für Berufsanfänger ist auch die betonte Schutzwirkung, die die Kiwi anzeigt. Neben ihrer runden Form ist die Schale von einer Art feinem Pelz überzogen. Behaarung jeglicher Art bedeutet als Signatur genau das, was Behaarung im allgemeinen bei Lebewesen bewirkt: sie schützt. Wer mit den Kräften der Kiwi seine psychische Schutzwehr verstärkt, kann mit Kritik besser umgehen, passt sich veränderten Situationen leichter an und wirkt nach außen selbstsicherer.

- Ideal für cholerische Temperamente,
- für Stressbewältigung und Umgang mit hohem Leistungsdruck,
- verstärkt die psychische Schutzwehr.

Auch Berufsgruppen wie Polizei, Sanitäter, Notärzte und Feuerwehr profitieren von der Exotenfrucht aus Neuseeland. Vertreter dieser Berufe werden tagtäglich mit extremen Belastungen konfrontiert, die enorme Selbstbeherrschung erfordern, rasches Überblicken von Fakten und Handlungsmöglichkeiten, ruhiges und souveränes Auftreten nach außen, sehr starke Nerven sowie die Fähigkeit, ihre Psyche in gewissem Maß selbst zu schützen, um all das auszuhalten.

PFLAUME

Farbe: blau/gelb
Außen blau: Wirkt beruhigend, entspannend und besänftigend, fördert Gefühlstiefe, erleichtert Eintauchen in seelische Tiefen.
Hilft bei Schmerzen und Entzündungen, Schlafstörungen und Hitzewallungen oder Schweißausbrüchen.
Innen goldgelb: Macht positiv und motiviert. Fördert die Beredsamkeit sowie Diplomatie und Einfühlsamkeit im Gespräch. Wirkt öffnend und unterstützt die Fähigkeit, Gefühle, Ideen, Stimmungen und Gedanken besser und klarer zu vermitteln. Hilft außerdem, bestimmte Dinge aus Ihrem Inneren »wegzusenden«, unterstützt also bei mentalen und emotionalen Loslösungsprozessen, bei der Veränderung von Verhaltensmustern oder negativen Denkweisen.
Stärkt Leber- und Nierenfunktion sowie die Nervenkraft.

Form: rund
Vermittelt Schutz und Geborgenheit, betont die Gefühlswelt.
Beruhigt die Nerven, wirkt stressabbauend und verstärkt die Intuition.

Geschmack: süß
Weist auf Energien hin, die harmonisieren, das innere Gleichgewicht und die Stabilität wieder herstellen. Beruhigt die Nerven, hilft, Stress gut zu verarbeiten, und hellt die Stimmung auf.
Hebt körperliches und geistiges Leistungsvermögen.

Bisher erforschte Hauptinhaltsstoffe: Alle B-Vitamine, Biotin, Eisen, Kupfer, Zink, Kalium, Natrium, Kalzium, Phosphor, Anthozyane.
Stärkt Herz und Immunsystem, für gute Nerven und mehr Konzentration, Zellschutz, reinigt den Darm, hilft bei Verstopfung, gegen Nervosität und Depression.

Ist es nicht erstaunlich, dass Menschen, die sich seelische Unterstützung bei anderen holen, die gleichen Energiebotschaften brauchen wie diejenigen, die diese Unterstützung geben? Die Pflaume ist für Therapeuten, Psychologen oder Leiter von Persönlichkeitsseminaren ebenso hilfreich wie für Menschen, die eine Therapie machen, kontinuierliche Seelenarbeit beim Psychologen betreiben oder Seminare für ihre Weiterentwicklung besuchen. Beratende Helfer brauchen für ihre Tätigkeit vor allem eines: Sie müssen sich tief auf die Gefühls- und Gedankenwelt eines anderen einlassen können, und diese Qualität muss für den Hilfesuchenden von Anfang an konkret spür- und erlebbar sein. Die blaue Haut der Pflaume fördert die Fähigkeit, intensiv und vorbehaltlos zuzuhören und dies in der ganzen Haltung und Ausstrahlung auch dem »Patienten« zu vermitteln. Der »Patient« wiederum entspannt sich in dieser vertrauenerweckenden Atmosphäre und kann sich so leichter öffnen. Haben Sie den Mut gefasst, ernsthafte Seelenarbeit zu leisten, erleichtert Ihnen das Blau der Pflaume, sich zu entspannen und die oft schmerzhafte, gefürchtete oder blockierte Reise in Ihr Selbst auch in der »Öffentlichkeit«, also mit Wissen oder in Gegenwart anderer anzutreten.

Das Fruchtfleisch der Pflaume ist goldgelb. Im Gegensatz zum Zitronengelb, bei dem die Betonung auf Klarheit, Frische und

Reinheit in der Kommunikation liegt, geht es beim Goldgelb um Diplomatie und Einfühlsamkeit der Worte beziehungsweise Gesten. Dass diese energetische Information für therapeutische Tätigkeiten besonders wertvoll ist, muss nicht weiter erklärt werden. Während die Pflaume also auf der einen Seite das Zuhörenkönnen unterstützt, trägt sie auf der anderen Seite dazu bei, die Wortwahl des Therapeuten sensibel und maßgeschneidert auf die individuelle Situation und Persönlichkeit des Patienten oder Teilnehmers abzustimmen. Die runde Form stärkt zudem die in diesem Zusammenhang wichtige Intuition, und der süße Geschmack hält die innere Ausgeglichenheit aufrecht und kurbelt die geistigen Fähigkeiten (z. B. Analyse, Kombinationsgabe, Schlussfolgerung) an. Sicher kann man bei Menschen in therapeutischen und beratenden Berufen die genannten Qualitäten als gegeben voraussetzen. Doch auch sie sind nur Menschen und haben als solche mal einen schlechten Tag oder vielleicht belastende eigene Sorgen und profitieren dann von der zusätzlichen Unterstützung der Pflaume. Außerdem gibt es im Arbeitsprozess immer wieder zähe, ermüdende Phasen, in denen sie dankbar sind für motivierendes Gelb. Oder sie stehen vor Konstellationen, die besonders schwierig zu durchschauen und mit der Klarheit, die Gelb schenkt, leichter zu entschlüsseln sind.

- Fördert waches Zuhören, Einfühlungsvermögen und intensive Wahrnehmung von anderen,
- verstärkt die seelische Öffnungsbereitschaft,
- erhöht die innere Belastbarkeit.

Für den Ratsuchenden baut das Gelb eine goldene Brücke, auf der Gefühle, Gedanken und Erlebnisse – in Worte gefasst – herausspazieren können. Es stärkt die Motivation, etwas zu verändern (auch wenn es weh tut) und sich zu öffnen. Und weil es bei Seelenarbeit und innerer Weiterentwicklung immer auch darum geht, Altes loszulassen, um Raum für Neues zu schaffen, ist die Botschaft von Gelb als Unterstützung bei mentaler und emotionaler Loslösung hier genau richtig. Sich seinen inneren Schattenseiten zu stellen, Wahrheiten auszuhalten und Veränderungen zuzulassen bedeutet für jeden von uns ein hohes Maß an Stress, Druck und Anforderung an die Belastbarkeit. Die Pflaumenenergien

»rund« und »süß« beruhigen und stellen zusätzliche innere Kraft zur Verfügung, die auch über schwierige Phasen hinweghelfen kann. Natürlich ist die Pflaume auch für private »Sitzungen« geeignet, in denen uns ein Freund oder eine Freundin ihr Herz ausschüttet oder bei tiefsitzenden Problemen Rat und Hilfe sucht.

Pflaumenenergien sind auch hervorragend für Menschen geeignet, die vor einer mehr oder weniger anonymen Öffentlichkeit über sehr emotionsgeladene Dinge sprechen müssen und dabei nicht in Oberflächlichkeit abgleiten sollten. Einem Pfarrer zum Beispiel kann die Pflaume helfen, bei einem Begräbnis spürbares echtes Mitgefühl, Trost und Hoffnung in seine Rede zu legen oder bei einer Trauung persönlich berührende Worte für das Paar zu finden. Auch Moderatoren bei Spendenaktionen oder bei besonders sensiblen Talkshow-Themen profitieren von der komplexen Botschaft der Pflaume.

Wenn Ihnen das nächste Mal jemand sagt, was für eine Pflaume Sie wären, dürfen Sie sich also durchaus geschmeichelt fühlen!

GEWÜRZKRÄUTER

Da es bei Gewürzkräutern nicht um die Pflanzenfrüchte, sondern um die Blätter geht und Blätter in aller Regel von grüner Farbe sind, müssten wir hier tiefer in die Signaturlehre einsteigen, um die Zeichen und Unterschiede richtig zu deuten. Vielen Pflänzchen waren ihre Geheimnisse auch nur durch die intuitive Erkenntnis sensitiver Menschen oder durch die Erfahrungskunde, also durch Ausprobieren zu entlocken. Bei den komplexeren Signaturzusammenhängen habe ich mich daher lediglich auf die Beschreibung der Wirkung beschränkt. Einige Kräfte kann man, wie gesagt, nicht ableiten, man muss sie selbst ausprobieren und erleben.

SCHNITTLAUCH

Bisher erforschte Hauptinhaltsstoffe: Senföle, Saponine, Mineralien, Vitamin C. Stärkt das Immunsystem, regt Verdauung und Stoffwechsel an, vitalisiert alle Körperfunktionen, wirkt antibiotisch und keimtötend.

Auf Blätter verzichtet der Schnittlauch, er konzentriert sich lieber auf seine Hauptaufgabe, die sich in seinem hohlen Stengel manifestiert: Er ist ein vermittelnder Energieleiter zwischen Himmel und Erde, zwischen Intuition und Realitätssinn. Durch diese »Energieröhre« saugt er vitalisierende Kräfte aus der Erde und leitet inspirierende Impulse von oben in seinen Stengel hinunter. Beide Energiequalitäten pulsieren in beständigem Austausch durch den grünen Stengel, befruchten und ergänzen sich gegenseitig.

Schnittlauch ist besonders für Menschen in heilenden Berufen wie Ärzte, Tierärzte, Heilpraktiker, Heiler, Hebammen, Psychologen, Seelsorger und Therapeuten eine wertvolle Unterstützung. Ärzte konzentrieren sich auf den Körper, die Materie, das Anfassbare, Sichtbare und Spürbare. Sie werden tagtäglich mit der Realität menschlicher Vergänglichkeit und Sterblichkeit konfrontiert, mit den Grenzen der Medizin und mit ihren eigenen Grenzen. Und sie arbeiten oft bis zur völligen Erschöpfung dagegen an. Die Erdkraft des Schnittlauchs hilft, den natürlichen Kreislauf des Werdens und Vergehens leichter zu akzeptieren, das Bewusstsein für den Umgang mit dem menschlichen (oder tierischen) Körper zu sensibilisieren und das ausgepumpte Energiereservoir wieder aufzufüllen. Auf der anderen Seite brauchen Ärzte dringend unterstützende Impulse für ihre Intuition. Die Zusammenhänge um Krankheit, Schmerz, Heilung und Tod sind immer noch unglaublich komplex und voller blinder Flecken. Das erlernte medizinische Wissen und der Stand der heutigen Forschung in Bezug auf Heilmittel und Methoden ist hilfreich, aber doch sehr begrenzt. Ohne intuitives Vorgehen hätten viele weiterführende Erfahrungen im medizinischen Bereich nicht zum Standard werden können, und so mancher Patient verdankt die richtige Diagnose oder die heilende Therapie entgegen der Lehrmeinung einer rettenden »Eingebung« seines behandelnden Arztes. Tierärzte sind übrigens verstärkt gefordert, wenn es um Intuition geht, denn ihre Patienten können sich nicht zu ihren Beschwerden äußern.

Die Stärkung des Einfühlungsvermögens bezieht der Schnittlauch aus seiner Funktion als feinstoffliche Energieantenne. Ärzte brauchen diese Fähigkeit für ihre heikle Aufgabe, schwere Krankheitsbefunde und ähnliche Hiobsbotschaften den Patienten und Angehörigen mitzuteilen. Diese Energien helfen ihnen auch, sich nicht zum Selbstschutz zu sehr mit Schroffheit und Distanz gegenüber den Kranken zu panzern, sondern immer das Mitgefühl mitsprechen zu lassen.

- Gibt Unterstützung für alle Heilberufe, wie Ärzte, Hebammen, Heilpraktiker, Seelsorger, Psychologen und Therapeuten,
- stärkt die Intuition und verbindet sie gleichzeitig mit einem gesunden Realitätssinn.

Viele (vor allem unabhängig arbeitende) Hebammen, die in der uralten Tradition der weisen Frauen stehen, verwenden zusätzlich zu ihrer schulmedizinischen Ausbildung bei ihrer Arbeit alternative Methoden wie Aromatherapie, Akupunktmassage usw. und bedienen sich gerne der die Intuition und Sensitivität stärkenden und energetisierenden Schwingungen des Schnittlauchs. Da sie ganz nah mit dem Werden und Vergehen von Leben zu tun haben, profitieren sie in ähnlicher Weise wie die Ärzte von den Lauchkräften.

Heilpraktiker und vor allem Heiler kämpfen oft mit der Schwierigkeit, durch ihren intensiven Umgang mit den feinstofflichen Welten die Körperebene aus den Augen zu verlieren, und haben manchmal auch Schwierigkeiten, nach der intensiven Beschäftigung mit feinstofflichen Energien wieder ins Hier und Jetzt der Grobstofflichkeit des Körpers und des Alltag zurückzukommen. Schnittlauch stärkt die sensitiven Fähigkeiten, bietet aber zugleich eine direkte Verbindung zum realen »Bodenkontakt«.

Psychologen und Therapeuten brauchen für ihr Handwerk ein ausgesprochen hohes Maß an Einfühlungsvermögen und Intuition. Schnittlauch stärkt nicht nur diese Fähigkeiten, sondern hilft ihnen auch, bei ihrer starken Konzentration auf die Seele ihr eigenes Körperbewusstsein nicht zu vergessen und ihren Körper mit all seinen großartigen Erfahrungsmöglichkeiten (wie den sinnlichen Genüssen des Riechens, Schmeckens, Fühlens) nicht gering zu schätzen. Sport- und Rehabilitationstherapeuten kommt die verstärkte Sensibilität im Umgang mit dem zu behandelnden Körper zugute.

Beschäftigt sich Ihr Partner mit Esoterik und haben Sie Angst, dass er seine gesunde Skepsis verliert, Räucherstäbchen schwenkend in weißen Walle-Gewändern durch die Wohnung schwebt und Mantras vor sich hinmurmelt? Statt ihn lächerlich zu machen oder ihn durch Ihre Ablehnung in eine trotzige Haltung des »Jetzt erst recht« hineinzutreiben, sollten Sie sich fragen, ob Ihr Partner ein spirituelles Defizit hat, das er auf diesem Weg zu füllen versucht. Sprechen Sie mit ihm darüber und ruhig auch über Ihre Ängste. Und geben Sie viel Schnittlauch ans Essen. Damit unterstützen Sie die Entwicklung seiner seelisch-geistigen Möglichkeiten, stärken zugleich aber seinen kritischen und realistischen Blick auf Heilslehren und mögliche Manipulationen von außen.

PETERSILIE

Bisher erforschte Hauptinhaltsstoffe: Ätherisches Öl, Flavonoide, Vitamin C, B, Kalium, Carotine.
Unterstützt die Atemorgane, entkrampft, beruhigt den Magen, regt die Durchblutung der Lungen an, mobilisiert den Stoffwechsel, wirkt keimtötend und vitalisierend.

In der Pflanzenheilkunde wird Petersilie erfolgreich gegen alle Erschöpfungszustände, Erkrankungen der Atemwege, Magenbeschwerden und Verkrampfungen eingesetzt. Im alltäglichen Gebrauch jedoch beschränken wir das unscheinbare Kraut meist auf seinen delikaten Geschmack. Es ist daher höchste Zeit, sich bewusst zu werden, dass Sie mit den scheinbar harmlosen Blättchen geballte Seelen-Power auf Ihre Butterkartoffeln streuen! Denn auf feinstofflicher Ebene ist das kleine grüne Kraut ganz groß. Es hilft Ihnen, sich Herausforderungen zu stellen, den Mut zu finden, über Ihren Schatten zu springen und Realitäten tapfer ins Auge zu sehen.

- Schenkt Mut für Herausforderungen,
- vermittelt Klarheit und Entschlusskraft,
- bringt uns in die innere Mitte und stabilisiert,
- hilft bei innerer Erschöpfung.

Wenn Ihr erfahrener Kollege der geborene Redner und Selbstdarsteller ist, braucht er wenig Mut, seine Ideen vor dem Chef überzeugend darzulegen. Sind Sie im Grunde aber schüchtern, halten sich am liebsten im Hintergrund und suchen jede Konfrontation zu vermeiden, erfordert es einen unglaublichen Mut von Ihnen, nach vorne zu gehen und vor versammelter Mannschaft für Ihre Überzeugungen zu kämpfen. Diesen Mut gibt Ihnen die Petersilie.

Zuerst sorgt sie dafür, dass Ihnen Ihre Körperreaktionen nicht in die Quere kommen: Wenn angesichts einer Herausforderung Angst und Aufregung in Ihnen aufsteigen, stockt Ihnen der Atem, und es wird Ihnen eng um die Brust. Vielleicht rebelliert sogar der Magen, und jeder Muskel scheint sich zu verkrampfen. Eine schlechte Voraussetzung, um schnell und überlegt handeln zu können oder seine Fähigkeiten optimal zu präsentieren. Hier helfen Ihnen die Flavonoide und das ätherische Öl der Petersilie: Sie regulieren den Atemfluss, besänftigen den Magen und lösen Verkrampfungen. Nun sind Sie bereit, Mut zu fassen und ihn auch zu leben! Die Petersilie unterstützt Sie dabei auf feinstofflicher Ebene. Sie löst das Gefühl emotionaler Enge auf, bringt Klarheit, Ruhe und die innere Stabilität, bei einem einmal gefassten Entschluss zu bleiben. Selbst bei großer innerer Erschöpfung vermag die Petersilie ungeahnte Reserven an Mut, Tatkraft und Energie zu mobilisieren.

Petersilie wurde übrigens früher den Gladiatoren vor dem Kampf in der Arena gegeben, um ihnen (besonders den unfreiwillig Kämpfenden) Mut zu geben. Ihre Petersilienkartoffeln sind also der Stoff, aus dem wahre Helden gemacht werden!

SALBEI

Bisher erforschte Hauptinhaltsstoffe: Vitamin B_1, Niazin, Kalzium, Magnesium, Eisen, ätherische Öle, Salvin, Flavonoide, Gerbstoffe, östrogenähnliche Stoffe.
Stärkt Herz, Nerven, Gehirnleistung, Knochenbildung, Zellatmung, Blutbildung, wirkt entzündungs- und schmerzhemmend, durchblutungsfördernd, antiseptisch, regt die Verdauung an, wirkt harntreibend, antibiotisch, immunstärkend, desinfizierend, schweißhemmend, pilztötend, reguliert den Monatszyklus und erleichtert Wechseljahrbeschwerden.

Der Name Salbei kommt vom lateinischen »Salvia« und bedeutet »die Helfende«. Die aromatisch duftenden Blätter der Salbeipflanze sind mehr grau als grün, runzlig und großporig und lassen an fortgeschrittenes Alter denken. Und damit haben wir auch schon eine ihrer Botschaften erfasst: Salbei können Sie sich als etwas strengen – der Geschmack der Blätter ist ein wenig bitter, streng und im Mund zusammenziehend –, aber liebevollen Großvater vorstellen, der seine Altersweisheit großzügig verschenkt und die Fähigkeit unterstützt, größere Zusammenhänge zu erkennen, Ordnung und Struktur in die Gedanken zu bringen und den Geist beweglich zu halten. Er aktiviert das Mitgefühl für die Schwierigkeiten und Nöte anderer, schützt aber gleichzeitig davor, sich – wie die Jugend dies oft tut – damit zu identifizieren. Mit seinen Körper und Geist vitalisierenden Energien und seinen großväterlichen Kräften ist Salbei eine wunderbare Helferpflanze für ältere Menschen.

Salbei trägt auch dazu bei, Generationskonflikte zu überbrücken und zu entspannen. Denken Sie an Weihnachtsfeiern oder Familienfeste, bei denen es regelmäßig zu mehr oder weniger offenen Spannungen kommt, die für alle belastend sind und für viele den festlichen Anlass zum unangenehmen Pflichtprogramm werden lassen. Hier ist Ihnen der Salbei doppelt nützlich. Wenn Sie sich ein Salbeiblatt genau ansehen, erinnert es an eine Zunge mit ungesundem, filzigem Belag. Auf der Körperebene ist Salbei wohlbekannt als Desinfektionsmittel für den Mund- und Rachenraum. Auf der seelischen Ebene wirkt er ebenfalls stark reinigend auf das, was aus unserem Mund kommt: unsere Worte. Von alters her wurde der Salbei von Orakelpriestern und -priesterinnen benutzt, um »die Zunge zu reinigen«. Durch das Kauen oder Räuchern der Blätter sollten die Salbeikräfte die Luft und die Priesterinnen selbst von negativen Energien reinigen, damit die Orakelsprüche rein und klar direkt von den Göttern durch ihren Mund kommen konnten. So ist es auch bei einem Familienfest gewiss nützlich, in Form von Salbei reinigende Schutzenergien zu servieren, die die Achtsamkeit für die Bedeutung und Wirkung der Worte erhöhen, die man in die Runde wirft. Wenn Sie dem Salbei dann noch orangefarbene Früchte oder Gemüse für mehr Toleranz und Frohsinn zur Seite stellen, steht einer geglückten Feier nichts mehr im Weg.

- Lässt größere Zusammenhänge erkennen,
- bringt Ordnung und Struktur in die Gedanken,
- fördert das Mitgefühl für die Nöte anderer,
- schenkt älteren Menschen Altersweisheit, Vitalität und hält den Geist beweglich,
- entspannt Generationskonflikte zum Beispiel bei Familienfeiern,
- erleichtert den Übergang in die zweite Lebenshälfte.

Salbei ist Ihr starker und verlässlicher Helfer, wenn Sie an der Schwelle zur zweiten Lebenshälfte stehen. Bei Frauen kündet sich diese Schwelle mit dem Eintreten der Wechseljahre an; Männer erfahren diesen Übergang oft in Form der viel zitierten Midlifecrisis. Frauen hilft Salbei mit seiner vielfältigen Kombination von Inhaltsstoffen auf der körperlichen Ebene bei den typischen Wechseljahrbeschwerden wie Hitzewallungen, Neigung zu Osteoporose,

Schwindel, Kreislaufbeschwerden, Nervosität und Niedergeschlagenheit. Zusätzlich unterstützt er die sanfte Umstellung des Hormonhaushalts mit einem östrogenähnlichen Wirkstoff. Seelisch unterstützt er beide Geschlechter nachhaltig im Prozess, sich auch in unserer Gesellschaft, in der nur zählt, wer jung, schön und leistungsstark ist, der Qualitäten und bereichernden Aspekte des Älterwerdens bewusst zu werden und sich leichter damit anzufreunden.

DILL

Bisher erforschte Hauptinhaltsstoffe: Kalium, Phosphor, Kalzium, Schwefel, Carotinoide, ätherische Öle.
Stärkt Nerven und Gehirnleistung, beruhigt, regt Herz- und Muskeltätigkeit an, gut für Knochen und Zähne, senkt den Blutdruck.

Mit seinen fedrig verzweigten Blättchen erinnert der Dill an unser fein verästeltes Nervensystem. Mit seiner luftig-leichten Gestalt beruhigt er denn auch nachhaltig die Nerven und besänftigt aufgewühlte Gemüter. Zusätzlich vermittelt er Geist und Seele Botschaften von Unbeschwertheit, spielerischer Leichtigkeit und einer unverkrampften Sicht auf die Dinge. Eine herrliche Unterstützung für Menschen, die sehr schüchtern sind oder ständig Angst haben, sie könnten etwas Falsches sagen oder tun. Wie ein freundlicher Kobold kitzelt er unseren Intellekt, bringt unseren Verstand zum Tanzen und spornt unseren Geist zu Höhenflügen an.

Das delikate Kraut ist ein guter Freund für alle, die sich leicht über Kleinigkeiten aufregen und aus Mücken gerne Elefanten machen. Damit sind nicht Choleriker gemeint, mit denen das feurige Temperament sofort durchgeht, sondern eher die Verletzlichen, Unsicheren, die sich alles gleich sehr zu Herzen nehmen und sich meist am kürzeren Hebel sehen.

Wenn sich Alltags-Unannehmlichkeiten häufen und Ihre Gemütsverfassung zwischen Aufregung, Genervtheit und Niedergeschlagenheit pendelt, wenn sich die Rechnungen häufen, die Werkstatt das Auto immer noch nicht repariert hat, der Mantel in der Reinigung nicht auffindbar ist und Ihre Brotbestellung beim Bäcker verloren ging, dann hilft Ihnen der zarte Dill. Kaufen Sie sich etwas Räucherlachs und einen Bund Dill, legen Sie Ihre Lieblings-CD ein, zünden Sie sich Kerzen an, und lassen Sie die Dillkräfte wirken und sich von ihnen überraschen ...

- Wirkt beruhigend für Menschen, die sich jede Kleinigkeit schwer zu Herzen nehmen,
- schenkt eine unverkrampfte, unbeschwertere Sicht auf die Dinge,
- bringt Leistungsstärke und Inspiration für Kopfarbeiter und Kreative,
- lockt schüchterne, ängstliche Kinder aus ihrem Schneckenhaus,
- wirkt gegen kindliche Albträume und Angst vor Dunkelheit.

Kopfarbeiter und Kreative sollten dem Dill in ihrer Küche einen Ehrenplatz einräumen, denn mit seiner Hilfe können sie ihr geistiges Potenzial voll ausschöpfen. Dill bringt nicht nur die kleinen grauen Zellen auf Trab, er unterstützt sie auch darin, über Gewohntes hinauszudenken, Dinge aus einer ganz anderen Perspektive zu betrachten und sich neu inspirieren zu lassen. Steht in Ihrer Firma, einer Werbeagentur, eines der berühmten Brainstormings an, bei denen man sich den Kopf über neue, zündende Ideen, Lösungen und Strategien zerbricht? Lassen Sie Gurken-Sandwiches mit Dill servieren, oder essen Sie selbst vorher so viel Sie können davon! Haben Sie sich in einer Denkrichtung festgefahren, die sich als Einbahnstraße erweist, sich in eine Idee verbissen, die sich nicht realisieren lässt, wie Sie sich das gedacht haben? Machen Sie eine künstlerische Pause mit frischem Dill – vielleicht auf Forellenfilet – und erleben Sie selbst die Wirkung!

Das zarte, filigrane Pflänzchen ist auch besonders freundlich zu schüchternen oder ängstlichen Kindern. Es lockt sie aus ihrem inneren Schneckenhaus und macht sie behutsam wissbegierig auf die spannenden Möglichkeiten, die das Leben für sie bereithält. Zudem vertreibt er auch wirksam kindliche Albträume und lindert die Angst vor Dunkelheit oder dem Einschlafen.

BASILIKUM

Bisher erforschte Hauptinhaltsstoffe: ätherische Öle, Gerbsäure, Saponine. Für Magen und Darm, bei Nervosität, Angstzuständen und Depresssionen, Migräne und Schlaflosigkeit.

Es gibt Probleme, die einem schwer auf dem Magen liegen. Sie drücken und belasten einen so sehr, dass man sich nachts schlaflos von einer Seite auf die andere wälzt und doch keine Ruhe findet. Immer wieder läuft der gleiche Gedankenfilm ab, immer wieder kaut man dieselben Szenen durch, denkt alle möglichen Konsequenzen durch und überlegt sich, was alles im Falle xy passieren könnte. Statt sich zu lösen, scheint das Ausmaß der Schwierigkeiten mit jeder durchwachten Stunde zuzunehmen, der Atem stockt und man beginnt wie von innen heraus zu frieren.

Ein stark aromatischer, angenehmer Pflanzenduft ist immer ein Hinweis auf nervenberuhigende oder nervenstärkende Energien. Und Basilikum hält, was sein intensives Aroma verspricht: Die Wirkung des Basilikums legt Ihnen sozusagen eine beruhigende Hand auf die Stirn. Während Sie sich langsam entspannen, entzündet das Kraut eine sanfte, wärmende Flamme in Ihnen – dieses Feuer können Sie herausschmecken, wenn Sie ein frisches Basilikumblatt zerkauen: unter den Geschmackskomponenten sticht eine warme, süß-pfeffrige Note hervor. Im Schein dieser Flamme ist es möglich, die Dinge buchstäblich in einem anderen Licht zu sehen. Plötzlich können Sie die Leinwand im Gedankenkino von einer anderen Warte aus betrachten und sehen jetzt vielleicht Zusammenhänge oder Hintergründe, die Ihnen vorher entgangen waren. Eine weitere Signatur: Die weißen Blüten des

Basilikums deuten auf Wirkkräfte hin, die unsere Intuition stärken, und so ist es nicht verwunderlich, wenn Ihnen nun plötzlich Gedanken und Impulse kommen, die eine Lösung des Problems in denkbare Nähe rücken.

Vielleicht machen Sie sich auch eine Portion Spaghetti mit frischem Basilikumpesto zum Abendessen und fühlen sich danach so wohlig warm, entspannt und beruhigt, dass Sie endlich ganz einfach in das süße Reich der Träume gleiten. Und während Sie sich im Schlaf erholen, arbeitet Ihr Unterbewusstsein – durch die Basilikumenergien tatkräftig unterstützt – an der Problem(los)lösung. Am nächsten Tag werden Sie dann schon die ersten Früchte ernten können: Entweder Sie sehen gangbare Lösungsansätze, oder Sie sind imstand, die ganze Problematik einfach ad acta zu legen, weil Sie zu dem Schluss gekommen sind, dass die Sache keinen weiteren Gedanken wert ist.

- Hilft bei Problemlösung,
- stärkt intuitive Weisheit
- hilft, Dinge in einem anderen Licht zu sehen.

Basilikum und Tomaten stärken sich gegenseitig, wenn sie als Pflanzengemeinschaft im selben Beet gedeihen, und es gibt auch fast kein Sommerbüffet mehr ohne Mozzarella mit Tomaten und Basilikum. Nicht umsonst ist dieses grün-rote Team so beliebt, denn in der Kombination ihrer Wirkungen fördern sie sich gegenseitig besonders vorteilhaft: Die rote Tomatenenergie hilft, die positiven Impulse, die das Basilikum vermittelt, mit Willenskraft und Energie in die Tat umzusetzen. Das Basilikum wiederum schenkt dem Tatendrang und der Aktivität, die die Tomatenbotschaft bewirkt, einen überaus nützlichen Schuss intuitive Weisheit.

Der Name Basilikum beziehungsweise Basilienkraut kommt von dem griechischen Wort für König, Volksführer. Basilikum wird nicht nur wegen seines starken Aromas zu Recht als »König der Kräuter« bezeichnet, sondern erweist sich in seiner Wirkung auch als wahres »Kraut für Könige« und wäre gewiss für jedes verantwortungsbewusste Regierungsoberhaupt ein hilfreicher und weiser Ratgeber.

ROSMARIN

Bisher erforschte Hauptinhaltsstoffe: ätherisches Öl, Bitter- und Gerbstoffe, Saponine, Flavonoide. Regt den Kreislauf an, stärkt allgemein den Organismus, wirkt antiseptisch, verdauungsfördernd, regt den Gallenfluss an, aktiviert die Eierstöcke und die männliche Potenz.

Der immergrüne Strauch mit den eigenartigen Nadelblättern und dem einzigartigen Aroma birgt in sich die Botschaft von den Kräften, die das Lebenslicht entzünden, erhalten und heller strahlen lassen. Nadeln statt Blätter, die obendrein noch immergrün sind, und ein hohes Wärmespeichervermögen – Rosmarin wächst nur in sonnenverwöhnten Breiten – weisen nach der Signaturlehre auf die Fähigkeit hin, besonders viel Lebensenergie zu schenken. Auch der starke Stengel des Rosmarins, der mit der Zeit richtig verholzt, deutet auf Widerstandsfähigkeit und Kraftzuwachs hin. Der betörend aromatische Duft der Nadelblätter aktiviert alle Nervenbahnen und die Gehirnleistung – damit macht er auf feinstofflicher Ebene Herz und Seele weit und hilft, Erinnerungen leichter zugänglich zu machen.

Mit all diesen typischen Signaturen ist es offensichtlich, dass Rosmarin – regelmäßig, aber maßvoll dosiert genossen – ein wunderbarer Helfer für ältere Menschen ist. Er verleiht ihnen Schwung, Lebenslust und die Motivation, wieder einmal etwas Neues auszuprobieren – sei es ein exotisches Gericht, einen besonderen Ausflug oder auch auf einen anderen Menschen zuzugehen. Das höhere Alter bietet die Gelegenheit, auf die Vergangenheit zurückzuschauen und aus der Perspektive der Lebenserfahrung manches zurechtzurücken und zu verarbeiten. Rosmarin hilft, auch gut versteckte oder verdrängte Erinnerungen an die Oberfläche zu holen und sie nun vielleicht statt mit Bitterkeit, Wut oder Angst mit viel mehr Verständnis zu betrachten.

Auch Menschen, die sich nach längerem oder schwererem seelischen Leiden (nach Schicksalsschlägen, Depressionen, Verlust) langsam wieder ins normale Leben zurücktasten, flüstert Rosmarin seine Botschaft von der Lust am Leben ins Ohr. Er erinnert sie daran, dass es vor dem Leid auch Wunderbares und Schönes gab – und es auch danach wieder geben wird. Die vitalisierenden Kräfte des Rosmarins helfen, die Energie zu finden, sich wieder aufzurichten und das Herz wieder zu öffnen. Besonders bei Trennungsschmerz und Liebeskummer unterstützt uns der herzbetonte Rosmarin und gibt uns die Kraft, diese Zeit durchzustehen, den Verlust zu realisieren und zu akzeptieren. Danach fördert er die »Rekonvaleszenz«, und später hilft er, die schönen Erinnerungen zu sehen und – etwa als alleinerziehender Elternteil nach einer Scheidung – sie auch anderen weitergeben zu können.

Sexualkraft ist eine Ausdrucksform von Lebenskraft – kein Wunder, wenn man bedenkt, dass allein durch sie neues Leben entsteht ... In der Natur wählen die Tiere nur starke, vor Lebenskraft strotzende Paarungspartner, da sie in ihnen instinktiv die größte Zeugungskraft beziehungsweise Fruchtbarkeit vermuten. Bei den Menschen ist es nicht viel anders: Kräftig gebaute, (körperlich und seelisch) starke Männer wirken anziehend, und auch nicht ganz dem gängigen Schönheitsbild entsprechende Frauen strahlen knisternde Erotik aus, wenn sie vor Lebenslust sprühen. Rosmarin verpasst der Libido von Frau und Mann nicht nur körperlich eine belebende Vitaminspritze. Das balsamische Kraut, das in der Antike nicht umsonst der Liebesgöttin heilig war, erhöht die erotische Ausstrahlung und weckt in uns den Sinn für Sinnliches. Dabei entfalten sich seine Energien erst vollkommen, wenn Liebesgefühle mit im Spiel sind, denn mit den rosaroten Blüten (Herzsignatur!) und der vielen gespeicherten Sonnenwärme geht Rosmarin direkt »zu Herzen«.

- Gibt Schwung, Lebenslust und Motivation,
- hilft, Erinnerungen zu verarbeiten,
- erhöht erotische Ausstrahlung und Sinnlichkeit.

Rosmarin ist übrigens auch eine hübsche Beigabe zu besonderen Zusammentreffen von Menschen. Wird nach zehn Jahren ein Klassentreffen gefeiert oder trifft sich vielleicht anlässlich der Geburt des ersten Enkelkindes die ganze, weit verzweigte Familie endlich wieder einmal, fördert der Rosmarin die herzlichen Gefühle füreinander und den Austausch von etwas sehr Verbindendem und Besonderem: gemeinsame Erinnerungen.

REZEPTE FÜR JEDE LEBENSLAGE

Sind Sie eine geübte Kochkünstlerin oder eher ein Neuling an Topf und Pfanne? Ist für Sie das Komponieren eines fantasievollen Menüs Entspannung und Vergnügen, oder muss es bei Ihnen – vielleicht auch der Umstände halber – immer fix und unkompliziert gehen? Haben Sie eine Familie zu bekochen, bei der jeder eine andere Zutat nicht ausstehen kann, oder müssen Sie auf Allergien Rücksicht nehmen? Sind Sie stolzer Besitzer eines Gartens voller Obst, Gemüse und Kräuter, aus dem Sie sich immer im Handumdrehen bedienen können, oder ist der Gemüsestand im Supermarkt Ihr Jagdrevier? Wie auch immer die Ausgangsbedingungen, ein paar grundlegende Dinge seien hier nochmals festgehalten.

Qualität und Frische

Geerntetes Obst und Gemüse verliert mit jedem Tag Lagerung an Vitamin- und Wirkstoffgehalt. Genauso verhält es sich mit den energetischen Inhalten: Je frischer Sie das entsprechende Pflanzenteil bekommen und verarbeiten, desto stärker und nachhaltiger wirkt es auf die Psyche. Hobbygärtnerinnen sind da natürlich im Vorteil, aber auch auf Bauernmärkten finden Sie knackig-frische Ware und meistens einen Stand mit Biogemüse. Aus Zeit- und Kostengründen ist jedoch für viele der nächste Supermarkt das Einkaufsziel. Hier sollten Sie sich unbedingt an Bioprodukte halten, wie sie inzwischen in fast jeder Ladenkette angeboten werden. Die kleine Mehrausgabe lohnt sich. Denn gerade bei schnell verderblicher Ware wie Gemüse, Obst und Blumen wird oft hemmungslos in die chemische Trickkiste gegriffen, um den naturgegebenen Verfall hinauszuzögern. Dies geht nicht nur auf Kosten Ihrer Gesundheit, sondern bewirkt auch eine Irreführung: Da das Aussehen der Ware Frische simuliert, können Sie nicht mehr beurteilen, wie alt sie wirklich ist und wie viel körperliche und vor allem seelische Wirkstoffe sie noch enthält. Einen Verlust an Wirksamkeit müssen Sie auch bei Importfrüchten – und seien sie so noch so sehr »bio« – mit einrechnen. In Hinblick auf die langen Transportzeiten werden Bananen, Kiwis und andere Exoten unreif geerntet und können so ihren optimalen Gehalt an Wirkstoffen gar nicht erst entwickeln.

Konserven und Tiefkühlprodukte

Manch einer mag sich fragen: Wäre es da nicht einfacher und besser, gleich zu konservierten Produkten zu greifen? Mit den heutigen, modernen Verfahren werden die Gemüse schließlich schnittfrisch eingefroren, und der Weg in die Dose oder das Glas scheint ebenfalls nicht länger als der in den Obststand.

Obwohl diese Produkte das Kochen sicher vereinfachen können, sind ihnen ihre frischen, naturbelassenen Geschwister in jedem Fall überlegen. Denn selbst natürliche Konservierungsstoffe wie Zucker, Salz und Essig zerstören nicht nur die Mikroorganismen, die Fäulnis oder Schimmel verursachen, sie machen sich auch an den für uns heilsamen Stoffen zu schaffen. Eine frische Salatgurke hat im Vergleich zu einer eingelegten Gewürzgurke eine ungleich höhere Wirkung – obwohl auch die Gewürzgurke einem Gericht natürlich noch einen Schuss Energie verleihen kann. Eine Dose Mais ist eine prima Möglichkeit, dem Jüngsten unauffällige Nachhilfe bei den Hausaufgaben zu geben. Kriegt er aber nur noch Dosengemüse, werden der höhere Zuckeranteil, der verminderte Vitamingehalt und die Stoffe, die sich aus dem Dosenmaterial in den Inhalt geschmuggelt haben, mit der Zeit ihre Folgen zeitigen.

Tiefkühlprodukte bewahren ihre Inhaltsstoffe zwar in weitaus höherem Maße als Konserven, man konnte jedoch feststellen, dass das Einfrieren die Zellstruktur angreift beziehungsweise zerstört. Für die seelischen Wirkstoffkomponenten bedeutet dies, dass sie zwar nur wenig an Stärke, jedoch an der Nachhaltigkeit ihrer Wirkung einbüßen. In anderen Worten hält etwa der Gute-Laune-Faktor eines frisch gepressten Orangensafts länger an als bei der gleichen Menge Tiefkühlsaft.

Bei allem Lob auf die Stärke und Dauer der Wirkung erntefrischer Produkte ist der Einfluss Ihrer eigenen Energieausstrahlung nicht zu unterschätzen. Es hat keinen Sinn, wenn Sie sich mit einem Einkauf auf dem weit entfernten Bauernmarkt abhetzen, anschließend unter Zeitdruck Berge von frischem Gemüse schnippeln und dann gestresst, müde und gereizt ein Essen servieren, das Liebe und Harmonie mobilisieren soll. Da bringt der Griff in die Kühltruhe oder zum Büchsenöffner letztlich die besseren Ergebnisse – und die fehlenden Wirkstoffe macht dann die gute Laune wieder wett ...

Die Wirkung

Die individuellen Bedürfnisse nach magischer Unterstützung durch Früchte, Gemüse und Kräuter sind ganz unterschiedlich. Wollen Sie die Konzentration Ihrer Kinder in der Schule steigern, oder haben Sie ein schwerwiegendes Erlebnis zu verarbeiten, braucht es für anhaltende Erfolge die kurmäßige Anwendung gewisser wirkkräftiger Zutaten über längere Zeit. Gefragt ist dann eine größere Rezeptauswahl mit viel Abwechslung. Finden Sie sich plötzlich in einer Krisensituation, oder steht unerwartet eine Freundin mit akutem Hilfsbedarf vor der Tür, können Sie kaum für die nächste Stunde in der Küche verschwinden, um ein »Nothelfer-Mahl« zu kreieren – nur um dann festzustellen, dass Sie die wichtigsten Zutaten gar nicht im Haus haben ...

Je nach Problemlage, Persönlichkeit des Essers und Qualität der verwendeten Produkte sind Beginn und Dauer der Wirkung individuell verschieden. Bei Behandlung akuter Situationen setzt die Wirkung der meisten Pflanzen nach etwa einer halben Stunde ein. Bei ausgeprägten Powerpflanzen wie der Chili und den entsprechenden Voraussetzungen kann es sein, dass schon nach den ersten Bissen eine Veränderung zu spüren ist. Auch alle Sorten, die ich als Nothelfer ausgewiesen habe, machen ihrem Namen durch ihre unmittelbare Wirkung alle Ehre; ihr heilsames Werk setzt meistens schon nach etwa einer Viertelstunde ein. Ebenso verhält es sich mit der Wirkdauer; sie hält im Durchschnitt 4 bis 6 Stunden an. Ein Liebesmahl mit Chili kann aber auch, wenn sein Feuer auf bisher verborgenen, aber reichlich vorhandenen Zündstoff trifft, einen Steppenbrand auslösen, der sich eine ganze Nacht lang immer wieder selbst entflammt.

Nothelfer stecken ihre ganze Energie in die schnelle, geballte Entfaltung ihrer Kraft. Da bleibt für lange Strecken nicht viel übrig – aber dafür ist eine erste Hilfe ja auch nicht gedacht. Für lang anhaltende und tiefgreifendere Veränderungen sind Kuren angesagt; diese sollten mindestens drei und nicht länger als sechs Wochen dauern, da Körper und Geist Gelegenheit brauchen, die Konsequenzen der Veränderungen zu verarbeiten und sich auf die neuen Erfahrungen einzustellen.

Es ist klar, dass Sie, nachdem Sie ganz gezielt gekocht haben, gespannt auf das Einsetzen der Wirkung warten. Seien Sie nicht enttäuscht, wenn Ihre Erwartungen nicht so erfüllt werden, wie Sie sich das vorgestellt haben. Wollten Sie zum Beispiel bei der Schlichtung eines Familienstreits mit Pflanzenkräften nachhelfen, und Ihre Lieben liegen sich auch beim Dessert noch nicht Entschuldigungen stammelnd in den Armen, bedeutet das nicht, dass Ihr Essen nicht seine Wirkung getan hat. Die Pflanzen haben ihre Arbeit im Inneren der Seele garantiert schon aufgenommen – das Ergebnis drückt sich immer wesensgemäß aus. Der Vater, dem es zum Beispiel nicht liegt, seine Gefühle hinauszuposaunen, wird die Tochter vielleicht am Nachmittag beiseite nehmen und sich unter vier Augen mit ihr aussprechen. Ist es dem halbwüchsigen

Sohn peinlich, einen Fehler zuzugeben, übernimmt er später vielleicht ungebeten das Rasenmähen, um auf seine Art Versöhnungsbereitschaft anzuzeigen. Mit der Zeit und mit zunehmender Erfahrung wird sich Ihre Wahrnehmung für all die kleinen Zeichen schärfen, die signalisieren, dass sich »der Wind dreht« – und sei es nur, dass die unterschwellige Anspannung am Mittagstisch plötzlich nachgelassen hat ...

Aufgrund der unterschiedlichen Voraussetzungen kann es hier nur darum gehen, Ihnen einige Küchenanregungen zu präsentieren, die Sie dann auf Ihre eigenen Bedürfnisse und Ansprüche anwenden können. Sie finden im Folgenden einige bewährte Kochrezepte. Und dazu viele Ideen und Tipps, wie Sie aus beliebten Erfrischungen wirkungsvolle Zaubertränke machen, sich eine delikate Notfallapotheke im Küchenschrank einrichten und ohne Mehraufwand Ihren Gerichten die gewünschten »Botschaften« einträufeln können. Manches davon ist Ihnen vielleicht schon bekannt, aber mit Ihrem jetzigen Wissen erscheint es Ihnen mit Sicherheit in einem ganz neuen Licht.

Und natürlich gilt auch für die Kochrezepte: Ausprobieren lohnt sich in jedem Fall!

Die Rezepte sind, sofern nicht anders vermerkt, für 4 Personen berechnet.

FAMILIE

Meist braucht nur ein Teil der Familie besondere seelische Unterstützung. Zum Beispiel hat nur eines der Kinder Kummer, oder es geht gerade um einen Konflikt zwischen Großmutter und einem pubertierenden Familienmitglied. Keine Angst, Sie müssen deshalb nicht für die Betroffenen extra kochen und sich auch noch eine Erklärung für die Sonderbehandlung ausdenken. Die energetische Botschaft der Früchte, Gemüse und Kräuter trägt im Allgemeinen zum Wohlbefinden und Vorteil aller bei – aber bei denjenigen, die die Pflanzenkräfte nötig haben, treffen sie auf entsprechende Resonanz und wirken dort gezielt auf das Defizit.

Ein bisschen Fingerspitzengefühl gehört natürlich dann dazu, wenn eine Situation oder ein Vorkommnis bei den beteiligten Personen verschiedene Reaktionen, Gefühle und damit Unterstützungsbedürfnisse auslöst. Bei einem der typischen Konflikte zwischen Vater und heranwachsender Tochter ist der Vater vielleicht im »heiligen Zorn« pubertätsbetroffener Eltern ziemlich laut geworden; die Tochter hingegen kämpft nach kurzer Zeit mit den

Tränen und flüchtet sich schließlich in ihr Zimmer, weil sie sich der Konfrontation nicht gewachsen fühlt. Wenn Sie nun als Mutter und subtil Einfluss nehmende Küchenfee das Abendessen spontan um rote Nahrungsmittel herumkomponieren, um das angeknackste Selbstwertgefühl der Tochter zu stärken und das Häufchen Elend wieder in einen vor Lebensenergie sprühenden Teenie zurückzuverwandeln, haben Sie etwas Entscheidendes außer Acht gelassen: den zweiten Konfliktpartner. Wenn Sie die Aufregung des Vaters jetzt noch mit roter Energie anfeuern, ist der Burgfrieden wahrscheinlich nachhaltig gefährdet ... Wie bei allen Konfliktlösungen gilt es auch hier, einen Kompromiss zu finden, der die Seelenlage beider trifft und zufrieden stellt. Grünes und Rundes wäre zum Beispiel ein gemeinsamer Nenner, der den Vater beruhigt, das innere Gleichgewicht der Tochter wieder herstellt und bei beiden den Stress herunterfährt.

Im Übrigen werden Sie sehen, dass die meisten Anregungen so gehalten sind, dass sie, wenn denn tatsächlich einmal eine »Extrawurst« nötig ist, schnell und einfach zuzubereiten sind oder als Zutat immer vorrätig beziehungsweise gebrauchsfertig zur Verfügung stehen.

Gerade beim magischen Kochen für kleine Kinder und ältere Mitmenschen sind öfter Ihr kreatives Talent und Ihr Einfallsreichtum gefragt. Kinder essen viel lieber und müheloser Gerichte, die in irgendeiner Weise ihre Fantasie anregen. Dazu müssen Sie das Essen nicht einmal als Lachgesicht auf dem Teller arrangieren oder aus der Banane ein Krokodil schnitzen – meist macht schon der Name den Appetit beziehungsweise die Bereitschaft, etwas Neues zu versuchen. Restaurants und die Lebensmittelindustrie machen sich das schon lange zunutze. Ein »Schweinchen-Dick-« oder »Diddel-Maus-Teller« verkauft sich viel besser als das langweilige »Kinderschnitzel«, und jeder Eisdielenbesitzer weiß, dass sein »Pinocchio-Zauberbecher« viel besser weggeht, als wenn »Kinderportion Erdbeereis mit Smarties und Waffel« auf der Karte steht. Diese Tricks kann man wunderbar auch für zu Hause übernehmen.

Natürlich gibt es auch Kinder, die so ausgeprägte Vorlieben und Abneigungen haben, dass kein noch so lustiger Teller mit Spaßname daran rütteln kann. Ich kenne zum Beispiel einen sehr aufgeweckten, gut erzogenen sechsjährigen Jungen, dessen Mutter schon allein deshalb eine Zauberkünstlerin in der Küche ist, weil sich sein Essensrepertoire eisern auf vier Obstsorten, drei Gemüse, Nutella und scharfe Salami beschränkt. Da gibt es nur eines: brutale Hinterlist. Pürieren Sie ganz kleine Mengen der Früchte oder Gemüse, die das Kind hilfreich unterstützen sollen, und mischen

Sie sie unter die beliebten Gerichte. In die Sauce des Obstsalats aus den akzeptierten Fruchtsorten wird dann ein Schuss der entsprechenden anderen Frucht gerührt, die Spaghettisauce bekommt pürierte Paprika oder – was sehr fruchtig schmeckt – einen Löffel frisches Pfirsichpüree verpasst, und im Kartoffelbrei finden sich kaum herausschmeckbare Spuren von Karotte wieder. Das ist zwar aufwendig, lohnt sich aber.

Auch Fruchtsaftcocktails mit Schirmchen und allem, was einen »erwachsenen« Longdrink ausmacht (außer natürlich Alkohol), werden für Kinder fast unwiderstehlich, wenn sie mit Kokosnussmilch gemixt werden. Mit solchen Partyrennern können Sie hervorragend gute Energien in Kindergeburtstage lenken, damit es weniger Streit, Tränen und Spielverderber gibt.

Auch ältere Menschen haben bezüglich des Essens oft ihre Eigenheiten, die aber meist körperlich bedingt sind und daher respektiert werden wollen und müssen. So lohnt es nicht die Mühe, für den nächsten Besuch Ihrer Schwiegermutter ein unglaublich raffiniertes Menü aus harmoniefördernden Zutaten zu zaubern – nur um zu sehen, wie die Zwiebeln an den Tellerrand gekratzt werden, weil Ihre Schwiegermutter nämlich fürchterliche Blähungen davon bekommt, und die Paprika liegen bleiben, weil sie ihr Sodbrennen verursachen. Sie ärgern sich, und die Schwiegermutter fühlt sich in ihren Bedürfnissen nicht genug wahrgenommen – schlechte Voraussetzungen für einen harmonischen Abend ... Erkundigen Sie sich bei älteren Damen und Herren vorab, ob es für sie Einschränkungen bei Speisen und Getränken gibt oder, wenn Ihnen diese schon bekannt sind, betonen Sie vor dem Essen, dass darauf Rücksicht genommen wurde – Sie werden mit Sicherheit trotzdem genügend Spielraum für helfende Botschaften haben, und für Ihre vorausschauende Fürsorglichkeit haben Sie bei Schwiegermutter, Großeltern oder Erbtante schon positive Stimmungspunkte gesammelt!

Jugendliche sind oft nur noch schwer für gemeinsame Unternehmungen zu motivieren. Aber alles, was mit Magie zu tun hat, ist – besonders für Mädchen – in dieser Zeit sehr anziehend. Nutzen Sie dieses Interesse und machen Sie einmal den Vorschlag, zusammen ein Rezept aus der Kategorie »Liebe und Leidenschaft« (das interessanteste Thema in dieser Phase) auszuprobieren. Auch viele Jungen lassen sich zumindest für ein einfaches Dessertrezept wie die Erdbeeren in Schokolade von Seite 144 begeistern, wenn es darum geht, sich die aktuelle Flamme geneigt zu machen.

Ganz allgemein gilt, dass Sie Ihre Begeisterung und Ihre Erfahrung mit dem magischen Kochen natürlich mit so vielen Menschen teilen sollten wie möglich – aber nicht wahllos und bei jeder Gelegenheit. Wenn Sie etwa die gefüllten Schüsseln auf den Tisch setzen und dabei verkünden, welche Botschaften sich darin befinden, könnte das so manchem Tischgast in den falschen Hals geraten und als aufdringliche Manipulation ausgelegt werden.

FÜR KINDER

Portionen jeweils für 2 Kinder

Karottelmus mit Erbsen

Für blasse, verträumte Kinder, die am liebsten allein still in ihrem Zimmer spielen, oder Kinder, die etwas bedrückt
Einfach, gut vorzubereiten, auch als Beilage geeignet

---

4 größere Kartoffeln – *um aus der Traumwelt in die Realität zu kommen*
2 süße (!) mittelgroße Karotten – *Fröhlichkeit, Unbeschwertheit*
150 ml Milch
150 ml Gemüsebrühe
1 EL Butter
200 g Erbsen (bei Tiefkühlerbsen zusätzlich 1 EL Zucker, 1 EL Butter und 150 ml Gemüsebrühe) – *beruhigend, entkrampfend*
Salz, Zucker, Pfeffer

Die Kartoffeln schälen, halbieren und in kochendes Wasser legen, so dass sie gut bedeckt sind. 10 Minuten kochen lassen. Währenddessen die Karotten schaben (macht sie für Kinder noch süßer und schmackhafter) und auf der Reibe oder mit der Küchenmaschine fein raspeln. Die Kartoffeln abgießen und kurz beiseite stellen.

2 Prisen Zucker, Milch und Gemüsebrühe zusammen in einen Topf geben, zum Kochen bringen und die Karotten darin etwa 10 Minuten weich kochen. Nun die Kartoffeln dazugeben, nochmals aufköcheln lassen, die Temperatur auf kleinste Stufe stellen und alles miteinander vermusen. Nach Geschmack würzen, die Butter darunter mischen und warm stellen.

Die Erbsen in einen Topf geben. Dosenerbsen oder Erbsen aus dem Glas sind schon gezuckert und müssen nur noch erwärmt werden. Bei gefrorenen Erbsen lassen Sie 1 gehäuften Esslöffel Zucker und 1 Esslöffel Butter zusammen im Topf zergehen (häufig rühren), geben dann die Erbsen sowie 150 ml Gemüsebrühe dazu und köcheln das Gemüse in etwa 8 Minuten gar.

Geben Sie eine Portion Karottelmus auf den Teller, drücken Sie es mit dem Löffel leicht flach und ziehen Sie mit dem Löffelstiel in Kreisform oder im Zickzack Rinnen durch das Mus, die Sie dann mit Erbsen füllen.

Quatschschmarrn mit Apfelmus

Für kleine reuige Sünder oder wenn das Kind etwas erzählen will/soll, das missbilligt werden könnte

Einfach, schnell, preiswert

Für das Apfelmus:
5 nicht mehlige Äpfel – *Einhüllung in liebevolle Anteilnahme*
etwas Zitronensaft – *wenn man sich schuldig fühlt*
100 ml Wasser oder Apfelsaft
2 EL Rosinen – *hellt die Stimmung auf*
2 Päckchen Vanillezucker – *sich geschützt fühlen*

Für den Topfenschmarrn:
500 g Speisequark
300 g Mehl
1 Prise Salz
Fett zum Ausbacken
Zimt – *sich geschützt fühlen*
und Zucker zum Bestreuen

Die Äpfel schälen, Kerngehäuse entfernen und die Früchte in kleine Stücke schneiden. In eine Schüssel geben und mit Zitronensaft beträufeln. In einem Topf den Apfelsaft (oder das Wasser) zusammen mit den Rosinen zum Kochen bringen. Nun die Apfelstücke und den Vanillezucker dazugeben und ohne Deckel weich köcheln lassen (bei Bedarf Flüssigkeit nachschütten).

Quark, Mehl und Salz zwischen den Händen bröselig reiben. Wenn die Konsistenz noch zu feucht ist, so dass die Masse sich nicht bröselig reiben lässt, noch etwas Mehl zugeben. Fett in einer Pfanne nicht zu heiß werden lassen, den »Teig« hineingeben und unter häufigem Wenden goldbraun backen. Nach Belieben mit Zimt und Zucker bestreuen.

Die Äpfel mit einem Kartoffelstampfer oder einer Gabel etwas zermusen und zum Topfenschmarrn servieren.

Tipp: Das Kompott können Sie mit jeder gewünschten Frucht beziehungsweise deren Botschaft variieren.

Schmetterlinge mit Tröste-Sauce

Farfalle mit Kürbis-Sugo

Einfach, gut vorzubereiten und auch für Erwachsene eine Delikatesse

500 g oranger Speisekürbis – *Trost, liebevolle Geborgenheit*
1 EL dreifach konzentriertes Tomatenmark – *stressreduzierend, liebevolle Gefühle*
100 ml Gemüsebrühe
50 ml süße Sahne (Rahm)
Salz, Pfeffer, edelsüßes Paprikapulver – *Zuversicht*
200 g Farfalle oder eine andere Nudelsorte

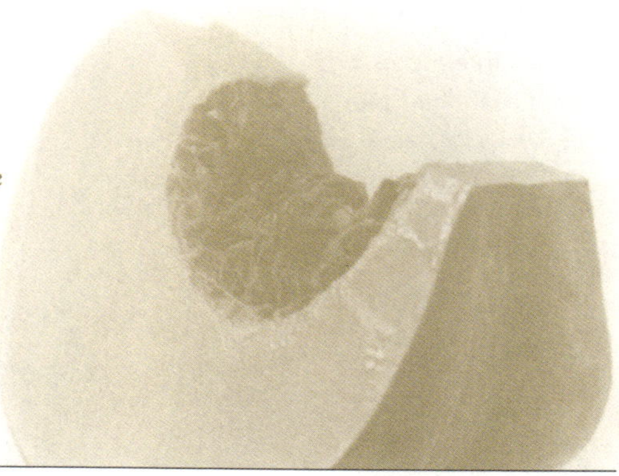

Den Backofen auf 220 Grad vorheizen. Den Kürbis in Alufolie wickeln und in ein feuerfestes Gefäß (wie Fettpfanne oder Auflaufform) setzen, da beim Backen klebriger Saft austritt. Nach 30 Minuten prüfen (mit dem Finger in die Folie drücken), ob der Kürbis weich ist. Dann mit einem Esslöffel das Kürbisfleisch von der Schale schaben, von den Kernen befreien und in einen Topf geben. Zusammen mit dem Tomatenmark und der Brühe kurz aufkochen, von der Herdplatte nehmen und musig zerdrücken oder pürieren. Die Sahne darunter rühren, mit Salz, Pfeffer und Paprika nach dem Geschmack des Kindes würzen und warm stellen.

1,5 Liter Wasser zum Kochen bringen, 1 Esslöffel Salz und die Nudeln hineingeben. Nach Packungsangabe gar kochen und in ein Sieb abschütten.

Servieren Sie die Farfalle mit einem tüchtigen Löffel Tröste-Sauce und stecken Sie zur sofortigen Aufheiterung einen der lustigen bunten Glitzerwedel, die Sie von den sommerlichen Eisbechern in der Eisdiele aufbewahrt haben, in den Nudelberg.

Tipp: Dieses Gericht ist übrigens auch für Erwachsene eine Delikatesse (die Sie getrost auch anspruchsvolleren Gästen servieren können), wenn Sie noch eine gute Prise geriebenen Muskat an die Sauce geben und frisch gehackte Petersilie darüber streuen. Als köstliche Variante für Groß und Klein nehmen Sie statt der Nudeln einmal Kartoffelgnocchi.

Kirschen »in the rocks«

Für introvertierte Kinder, die Schwierigkeiten haben, mit anderen zu spielen und Anschluss zu finden

Schnell, einfach, immer zur Hand, für den Sommer

---

1 Flasche/Packung reiner Kirschsaft – *Spielspaß, Kontaktfreude*

1 Eiswürfelbehälter

Füllen Sie den Eiswürfelbehälter mit Kirschsaft statt mit Wasser und lassen Sie die Würfel im Tiefkühlfach gefrieren. Nach Bedarf ein oder zwei Würfel in ein Glas mit Apfelsaft oder Mineralwasser geben. Schmeckt nicht nur besonders gut, hält das Getränk schön kühl und sieht toll aus, es macht auch Spaß, die noch nicht geschmolzenen Reste aus dem Glas zu fischen und zu lutschen.

FÜR JUGENDLICHE IN DER PUBERTÄT

Knofi-Orgie

Welch ein Glück, dass 90 Prozent aller Jugendlichen Knoblauch-Gewürztes herrlich finden und es ihnen völlig egal ist, ob sie am nächsten Tag in der Schule eine regelrechte Fahne haben! Knoblauch hilft Ihren Sprösslingen, ihre Widerstandskraft gegen negative Einflüsse (Gruppenzwang, radikale Ideen, Angstvorstellungen, Manipulationen usw.) zu stärken und sich abgrenzen zu lernen. Vor allem für Mädchen ist die Knolle ein guter Ratgeber, denn sie unterstützt sie bei den ersten sexuellen Sturm-und-Drang-Erfahrungen, besser »Nein« sagen zu können, wenn sie etwas nicht wollen.

Quetschen, hacken und schneiden Sie also für Ihre pubertätsgebeutelten Kinder reichlich Knoblauch – in die Spaghettisauce, das Salatdressing, auf die Pizza, in den selbst gemachten Salsadip zu Nachos, als Knoblauchbrot und in die Sauce zum Fleischfondue.

Praktisch ist auch, sich selbst eine Flasche Knoblauchöl anzusetzen, mit dem man auf dezente Weise schnell und mit einem Handgriff die Botschaften des Knoblauchs an Salate oder zum Fleischbraten in die Pfanne geben kann.

Gesprächig machendes Steak mit Folienkartoffel und Powerdip

---

1 große fest kochende Kartoffel – *hilft auf den Boden der Tatsachen*

1 frischer oder gefrorener Maiskolben – *Kommunikationsfreudigkeit, Optimismus*
1 EL Olivenöl – *Durchhaltevermögen, Energiezuwachs*
1 EL Butter

1 Becher Sauerrahm
1 Bund Petersilie – *entkrampft, Mut*
1 Bund Schnittlauch – *harmonisiert Herz und Verstand*
1 dicke Knoblauchzehe – *schützt vor negativen Einflüssen*
Salz, Pfeffer, Rosenpaprikapulver – *Motivation, Zuversicht*

1 Steak
1 EL Butter und 1 EL Öl

Den Backofen auf 220 Grad (Umluft) vorheizen. Die Kartoffel kreuzweise etwa einen halben Zentimeter tief einschneiden und (mit dem Einschnitt nach oben) in Alufolie wickeln, die Folie oben zudrehen. 40–50 Minuten im vorgeheizten Backofen weich backen.

Den Maiskolben mit Olivenöl einpinseln, in Alufolie wickeln und nach 20 Minuten zur Kartoffel in den Ofen legen.

Den Sauerrahm in eine Schüssel geben. Die Kräuter fein hacken, den Knoblauch pressen und beides darunter rühren. Mit den Gewürzen nach Geschmack abschmecken. Beiseite stellen und durchziehen lassen.

Das Steak salzen und pfeffern. Butter und Öl in der Pfanne heiß werden lassen und das Steak auf jeder Seite 4 Minuten braten.

Die Kartoffel aus dem Ofen nehmen und in der Folie auf den Teller legen. Die Folie oben öffnen und die Kartoffel an den Längs- und danach an den Querseiten fest zusammendrücken (Topflappen benutzen!). In die so entstandene Öffnung reichlich Sauerrahm-Dip geben. Den Maiskolben aus der Folie wickeln, mit Butter bestreichen und rundherum mit Salz bestreuen. Das Steak dazulegen und ein Schälchen Dip dazu reichen.

Dazu passt geschmacklich und energetisch hervorragend grüner oder gemischter Salat.

Tipp: Diese klassische Kombination ist ein Hit für Grillfeste!

Knoblauchöl für Pubertierlinge

4 mittelgroße Knoblauchzehen –
schützt vor negativen Einflüssen
Schale von 1 unbehandelten Zitrone –
bringt Klarheit ins Denken
1 TL Salz
0,7 l kaltgepresstes Olivenöl –
Durchhaltevermögen, Energiezuwachs

Im Gegensatz zum üblichen Knoblauchöl-Rezept, das meist auch Chilischoten, Pfefferkörner und Rosmarin enthält, verzichten wir hier auf diese zusätzlichen Energien, die vorhandene Aggressionen anfachen könnten und das sexuelle Verlangen steigern (das haben Pubertierende gewiss nicht nötig). Dafür nehmen wir Zitrone dazu, die erfrischende Klarheit in das Denken und den Gefühlsbereich bringt.

Die Knoblauchzehen schälen und mit einem breiten Messer leicht quetschen.

Von der Zitronenschale zwei längere »Locken« abschälen mit möglichst wenig von der weißen, bitteren Innenhaut. Die Knoblauchzehen mit den Zitronenschalenstreifen und dem Salz in eine saubere, trockene (!) Flasche geben. Mit dem Öl auffüllen. Dunkel und kühl ziehen lassen. Alle zwei Tage durchschütteln. Nach 10 Tagen abseihen und lichtgeschützt aufbewahren.

Blätterteigtaschen

Blätterteig kaufen Sie am besten tiefgefroren und schon in rechteckige Platten ausgerollt oder am Stück aus dem Kühlregal. Blätterteigtaschen können Sie nach Belieben süß oder pikant füllen und als Hauptmahlzeit mit Salat, als herzhaften Snack, als Dessert oder anstelle des Nachmittagskuchens servieren. Alles, was Sie für die köstliche Verpackung Ihrer Botschaften tun müssen, ist: die Teigränder mit Eigelb bestreichen, einen Klecks (abgekühlte) Füllung in die Mitte geben, den Teig zur Tasche schlagen, die Ränder festdrücken, die Oberseite mit verquirltem Ei bestreichen, und ab in den Ofen. Und nach 10 Minuten sind die duftenden Gebäckstücke schon fix und fertig. Auch die Füllung ist ein echter »Quickie«, solange Sie Käse, Marmelade und Quark im Haus haben.

Schnelle Füllung herzhaft

Für 6 Teigtaschen

1 kleine gelbe Paprika – *hilft über Probleme zu sprechen*
1 kleine grüne Paprika – *Ausgeglichenheit, innere Stabilität*
1 kleine Zwiebel – *innere Flexibilität*
100 g gemischtes Hackfleisch
1 Knoblauchzehe – *schützt vor negativen Einflüssen*
Senf, Tomatenmark oder Ketchup – *stressreduzierend, liebevolle Gefühle*
Salz, Pfeffer, Rosenpaprika – *Motivation, Zuversicht*

Die beiden Paprikaschoten in dünne Streifen und anschließend in kleine Stückchen schneiden.

Die Zwiebel fein hacken und in etwas Bratfett oder Olivenöl glasig anbraten. Das Hackfleisch dazugeben und unter Rühren braten, bis es nicht mehr rosa ist. Den Knoblauch dazupressen und die Paprikastückchen beifügen. Mit Senf, Tomatenmark und allen Gewürzen würzig abschmecken.

Turbofüllung herzhaft
Für 6 Teigtaschen

---

1 kleine gelbe Paprika – *hilft über Probleme zu sprechen*
1 kleine grüne Paprika – *Ausgeglichenheit, innere Stabilität*
2 Scheiben gekochter Schinken
1 Packung Kräuterfrischkäse

Die Paprikaschoten in dünne Streifen und den Schinken in kleine Würfel schneiden.

In die Mitte der Teigtaschen jeweils einen dicken Klecks Frischkäse geben. Jeweils einen Streifen grüne und gelbe Paprika darüber legen und mit Schinkenstückchen bestreuen.

Schnelle Füllung süß
Für 6 Teigtaschen

---

125 g Magerquark
1 Eigelb
1 Päckchen Vanillezucker
einige frische Früchte wie entsteinte Kirschen – Kontaktfreude –, Apfelspalten – sich verstanden fühlen –, Pflaumenschnitze – *von Problemen erzählen usw.*

Den Quark wenn nötig kurz abtropfen lassen. Quark, Eigelb und Vanillezucker mit dem Handmixer gut durchrühren.

In die Mitte der Teigtaschen die gewählten Fruchtstücke und darauf einen dicken Klecks Quarkcreme geben.

Turbofüllung süß

Für 6 Teigtaschen

---

2 EL Fruchtmarmelade oder
1 EL Nuss-Nougatcreme
3 EL Mascarpone
einige Früchte, frisch oder aus dem Glas, wie entsteinte Kirschen – *Kontaktfreude* –, Apfelspalten – *sich verstanden fühlen* –, Pflaumenhälften – *von Problemen erzählen usw.*

Marmelade und Mascarpone miteinander mischen. In die Mitte der Teigtaschen die gewählten Fruchtstücke geben und darüber einen Klecks der Mascarponecreme.

Die schnellen Stars für süße und pikante Botschaften:

Pizza- und Blätterteig

Ideale Träger für Ihre gewünschten Botschaften, die Jugendlichen immer schmecken, schnell gemacht sind und in Kühltruhe oder Gefrierfach griffbereit auf ihren Einsatz warten, sind Pizza- und Blätterteig.

Selbst gemachte Pizza schlägt alle Tiefkühlvarianten um Längen und ist, im Gegensatz zur gängigen Meinung, weder aufwendig noch teuer oder schwierig herzustellen. Am einfachsten und bequemsten ist es natürlich, fertigen Pizzateig zu kaufen – am leckersten ist der selbst gemachte. Besonders praktisch ist dabei, dass Sie den völlig unkomplizierten Teig am Vorabend zubereiten und über Nacht im Kühlschrank fertig aufgehen lassen oder ihn auf Vorrat zubereiten und in Portionskugeln einfrieren können.

Auch die Tomatensauce als Basis des Belags ist in ein paar Minuten fertig.

Die dritte Grundzutat, der Käse, muss nicht immer Mozzarella sein. Im Gegenteil, andere Käsesorten bringen Pfiff und Abwechslung auf die Pizza. Hartkäse wie Emmentaler oder Gouda werden für die Pizza in dünne Späne gerieben. Vielleicht befreien Sie sich von dieser Arbeit durch ein cleveres Tauschgeschäft: Sie versprechen Ihrem Pizza-gierigen Nachwuchs eine erstklassige Pizza mit allem Drum und Dran, und dafür übernimmt dieser das Käsehobeln.

Nun zum gezielt wirkkräftigen Belag: Pubertierende Jugendliche fühlen sich – trotz großer Klappe und Coolness – meist extrem unsicher. Ihre körperliche und seelische Verwandlung kostet sie viel Kraft, und mit all den Veränderungen umzugehen bedeutet täglichen Stress. Überempfindlichkeit und die innere Auseinandersetzung mit Autorität, Abhängigkeit und der Wahrhaftigkeit von Werten und Regeln sind in diesen »Wechseljahren« an der Tagesordnung – und daraus resultierend auch ein hoher Aggressionspegel. Darum sollten Sie beim Pizzabelag – sofern ein individueller Fall nicht explizit danach verlangt – weitgehend auf rote Zutaten verzichten. Außerdem stecken in der klassischen Tomatensauce, die als erste Schicht auf den Pizzaboden kommt, bereits ausreichend rote Willensstärkung, Motivation und Power für die Heranwachsenden.

Verwenden Sie möglichst viel Grünes, um innere Stabilität und Ausgeglichenheit zu fördern, sowie gelbe und orangefarbene Zutaten für gute Laune, Offenheit und Kommunikationsfreude. Dabei dürfen es ruhig auch mal Früchte statt nur Gemüse sein – in kreativer Abwandlung der klassischen Hawaiipizza mit Ananas. Pfirsiche passen zum Beispiel gut, und auch an Bananen kann man sich trauen. Zusätzlich backen Sie durch einen Schuss Olivenöl im Teig stark vitalisierende Energien in die Pizza.

Pizzateig

Für 2 Portionen

10 g Hefe
½ TL Zucker
½ Tasse lauwarme Milch
200 g Mehl
3 EL Olivenöl – *Durchhaltevermögen, Energiezuwachs*
½ TL Salz

Die zerbröckelte Hefe mit dem Zucker und der Hälfte der Milch in einem Schüsselchen verrühren und zugedeckt an einen warmen Platz stellen.

Das Mehl in eine Schüssel sieben und eine Vertiefung hineindrücken. Sobald sich auf der Hefemischung Schaum gebildet hat, diese in die Vertiefung gießen und alles mit dem Öl, dem Salz und der restlichen Milch gut verkneten.

Den Teig in zwei gleich große Stücke teilen und zu Kugeln geformt in Folie gewickelt über Nacht im Kühlschrank gehen lassen, einfrieren oder für sofortigen Gebrauch gleich zu zwei runden Pizzaböden ausrollen.

Bei sofortiger Verwendung die Teigböden auf ein geöltes Backblech setzen und zugedeckt 20 Minuten gehen lassen, mit Olivenöl bestreichen, Tomatensauce bis 1 cm vom Rand darauf verteilen, mit Zutaten nach Wunsch belegen und rund 25 Minuten bei 200 Grad backen.

Tomaten-Pizzasauce

1 Dose (400–500 g) Tomaten
1 EL Zucker
1 gestrichener EL gekörnte Gemüsebrühe
2 Knoblauchzehen – *schützt vor negativen Einflüssen*
Salz, Pfeffer, Rosenpaprikapulver – *Motivation, Zuversicht*

Die Dosentomatenstücke samt Saft mit dem Zucker und der gekörnten Brühe in einen Topf geben. Ohne Deckel köcheln lassen. Die Knoblauchzehen schälen und dazupressen.

Wenn die meiste Flüssigkeit verdampft ist und die Tomaten eine musige Konsistenz haben, mit Salz, Pfeffer und Paprika abschmecken.

Tipps:

Frische Tomaten sind natürlich besser und wirkungsvoller als Dosentomaten; sie sind aber aufwendiger in der Zubereitung, und hier geht es zum einen um Schnelligkeit, zum anderen stehen nicht die Tomatenschwingungen, sondern die der Belagzutaten im Mittelpunkt.

Abgeriebene Zitronenschale gibt der Sauce einen besonderen Pfiff und zusätzliche hilfreiche Botschaften.

FÜR SCHÜLER

Gelb beflügelt den Geist, bringt Klarheit ins Denken, macht redegewandt und ausdrucksstark – alles Fähigkeiten, die man in der Schule und beim Lernen dringend braucht.

Versüßen Sie den jungen Kopfarbeitern die Hausaufgaben mit einer hilfreichen Nascherei, die Ihnen fast keine Umstände macht: Stellen Sie eine Schüssel frisches Popcorn auf den Schreibtisch! Sie können die dicken, knusprigen Maiswölkchen nach Gusto mit etwas Zucker oder auch mit Kräutersalz mischen.

Um die Aufnahmefähigkeit zu stärken und die geistige Verarbeitung aller Erlebnisse der Schulzeit sanft zu fördern, peppen Sie das Pausenbrot mit saftig-süßen Erdbeerenergien auf: Brot oder Brötchen mit Butter oder Kräuterfrischkäse bestreichen, mit einer Scheibe Käse oder Geflügelbrust belegen und mit dünnen Erdbeerscheiben krönen.

FÜR ELTERN

Eltern zu sein ist eine riesengroße Herausforderung, für die keiner von uns eine fundierte Ausbildung erhalten hat. Ob Kleinkind oder Fast-Erwachsener, Kinder fordern – zu Recht – gnadenlos unsere besten Seiten ein: Toleranz, Offenheit, Mut, Belastbarkeit, Klarheit, Kreativität, Einfühlungsvermögen und einen unerschöpflichen Vorrat an guter Laune. Die ideale Unterstützung dabei liefern Ihnen herzhafte und süße Salate mit raffiniert gemixten hilfreichen Dressings.

Mit einem bunten Obstsalat löffeln Sie eine hervorragende Kombination von Energien, die Sie als Eltern ständig brauchen. Den geschmacklichen und energetischen Pfiff bekommt Ihr Salat, wenn Sie innere Klarheit in Form von Zitronenschale an die Sauce reiben.

Grünen Salat können Sie nicht nur mit hilfreichen Gemüsen wie Tomaten, Paprika, Karotten und Zwiebeln mischen. Versuchen Sie auch einmal Blattsalat mit Orangenschnitzen, oder garnieren Sie Ihren Salat mit einer Birnenhälfte, die Sie vorher im Ofen mit einer Scheibe Käse überbacken haben.

Ganz besondere Qualitäten können Sie zudem mit »zauberhaften« Dressings in die Salatschüssel rühren. Schon allein mit der Verwendung von kaltgepresstem Olivenöl träufeln Sie Balsam auf Ihre Nerven und in Ihre Seele.

Nervendressing für Feinschmecker

3 EL geriebene Walnüsse – *beruhigt die Nerven, lässt innerlich zur Ruhe kommen*
1 EL geriebener Parmesan
½ TL abgeriebene Zitronenschale (unbehandelt) – *innere Klarheit*
1 Becher Naturjoghurt
5 EL kaltgepresstes Olivenöl – *Durchhaltevermögen, Energiezuwachs*
2 EL Balsamicoessig – *Behutsamkeit mit Gefühlen*
Salz, Pfeffer, Zucker
7 frische Basilikumblätter – *beruhigend, für kreative Problemlösungen*

Alle Zutaten bis auf den Basilikum mit dem Schneebesen verrühren und etwas aufschlagen. Die zerzupften Basilikumblätter unter die sämige Sauce ziehen.

Diese Botschaften können Sie statt in den Salat auch unter Ihre Pasta mischen, wenn Sie Lust auf etwas Besonderes haben oder sich und Ihren Leidensgenossen, sprich Erziehungspartner wirkungsvoll verwöhnen wollen:

Walnuss-Petersilien-Pesto

2 Bund glatte Petersilie – *bei innerer Erschöpfung, für Entschlusskraft*
1 Knoblauchzehe – *hilft, sich abzugrenzen*
120 g geriebene Walnusskerne – *beruhigt die Nerven, lässt innerlich zur Ruhe kommen*
50 ml kaltgepresstes Olivenöl – *Durchhaltevermögen, Kräftezuwachs*
2 EL Zitronensaft – *klare Gedanken*
100 g geriebener Parmesan (für optimalen Geschmack frisch gerieben)
Salz

Die Petersilie waschen, behutsam trockentupfen, die Stengel entfernen und das Blätterbündel zweimal durchschneiden. Die Knoblauchzehe schälen und grob zerkleinern.

Petersilie, Knoblauch und Walnüsse mit dem Pürierstab oder im Cutter zerkleinern, dabei Öl und Zitronensaft hinzugeben und alles zu einer cremigen Paste verrühren. Den Käse unterziehen und mit Salz abschmecken.

Tipp: Sollte vom Pesto etwas übrig bleiben, hält es sich im Kühlschrank aufbewahrt gut etwa 4 Wochen.

FÜR GROSSELTERN

Für 2 Personen

Rosmarintee für neuen Schwung

Dieser duftende, wohlschmeckende Tee weckt die Lebensgeister (übrigens auch von jüngeren Teetrinkern) und ist ein effektiver Kaffee-Ersatz!

---

2 frische Zweige Rosmarin oder
3 EL getrockneter Rosmarin
½ l kochendes Wasser

Den Rosmarin mit dem kochenden Wasser überbrühen, 10 Minuten zugedeckt ziehen lassen und nach Geschmack mit Honig süßen.

Gnocchi mit Salbeibutter

---

1 EL Salz
1 Knoblauchzehe (fakultativ) – *Widerstandskraft*
150 g Butter
250 g Kartoffel-Gnocchi – *Vitalkräfte*
3 Prisen Salz
7 frische Salbeiblätter – *konstruktiver Einsatz von Lebenserfahrung, Vitalität*
Pfeffer, Muskatnuss – *vitalisiert, schützt*

In einem Topf 3 Liter Wasser zum Kochen bringen. Währenddessen die Knoblauchzehe schälen und in einer Pfanne langsam die Butter zerlassen; beides bereithalten.

Den Esslöffel Salz in das kochende Wasser geben und danach die Gnocchi vorsichtig hineingleiten lassen. Ein Sieb bereitstellen. Die Gnocchi, die an die Oberfläche gestiegen sind, noch 3 Minuten kochen lassen, dann mit dem Lochschöpfer herausheben und zum Abtropfen in das Sieb legen.

Die geschmolzene heiße Butter salzen, die Salbeiblätter hineinzupfen und den Knoblauch durch die Presse hineindrücken. Nur kurz unter Rühren anziehen lassen, dann die Gnocchi dazugeben. Alles gut in der Pfanne durchmischen, mit frisch gemahlenem Pfeffer und frisch geriebenem Muskat würzen, eventuell noch mit etwas Salz abschmecken und sofort servieren.

FÜR FAMILIENFESTE

Heiße Birnenhälften mit zweierlei Käse

Einfach, schnell, raffiniert, als Vorspeise oder Snack

---

6 frische Birnen (ersatzweise aus der Dose, schmeckt aber nicht so raffiniert) *– Diplomatie, positive Ausstrahlung, Kommunikationsfreude*
1 Päckchen Knoblauch- oder Kräuterfrischkäse
12 Scheiben Schmelzkäse oder Emmentaler
12 Walnusshälften – *Nervenkraft*

Die Birnen schälen, der Länge nach halbieren, das Kerngehäuse und den Stielansatz vorsichtig herausschneiden. In die Höhlung jeder Birnenhälfte einen großen Teelöffel Frischkäse setzen und mit einer Käsescheibe bedecken.

Die Birnen in eine feuerfeste Form oder auf ein mit Alufolie ausgelegtes Backblech setzen. Bei 100–150 Grad backen, bis der Käse ganz geschmolzen ist. Herausnehmen, eine Walnusshälfte sachte in die Mitte jeder Birnenhälfte drücken und sofort servieren.

Apfel-Salbei-Lasagne für herzliches Miteinander

Ungewöhnlich, schmeckt auch aufgewärmt, gut zum Mitbringen

Für die Füllung:
500 g Fleischtomaten – *stressreduzierend, liebevolle Gefühle*
2 Knoblauchzehen – *schützt vor negativen Energien, für persönliche Abgrenzung*
1 mittelgroße Zwiebel – *Flexibilität im Denken und Handeln*
3 EL Olivenöl – *Kräftezuwachs*
1 EL Zucker
500 g Hackfleisch
1 Glas Apfelsaft (100% rein) – *Verständnis, Mitgefühl, liebevolle Zuneigung*
1 Glas Rotwein (ersatzweise nochmals Apfelsaft) – *Gefühlstiefe*
1 TL gekörnte Brühe
2 EL frische gehackte Kräuter *(Salbei gegen Generationskonflikte, Rosmarin für verbindende Erinnerungen, Herzlichkeit, Oregano für freundliche Gedanken, positive Einstellung)*
1 Schuss Balsamicoessig – *Behutsamkeit mit Gefühlen*
Salz, Pfeffer

Für die Sauce:
60 g Butter
60 g Mehl
750 ml Milch (für Leckermäuler 600 ml Milch und 150 ml Sahne)
Salz, Pfeffer, Muskatnuss – *Schutz, Vitalität*

3 große säuerliche Äpfel – *Verständnis, Mitgefühl, liebevolle Zuneigung*
ca. 12 Lasagneblätter (vorgekocht)
150 g Mozzarella und 100 g geriebener Emmentaler oder 300 g geriebener Gouda
60 g Butter

Die Tomaten gegenüber dem Stielansatz kreuzweise einschneiden und kurz mit kochendem Wasser überbrühen. Dann die Haut abziehen, die Stielansätze herausschneiden und die Tomaten würfeln. Die Knoblauchzehen und die Zwiebel schälen und fein hacken.

In einer schweren, hohen Pfanne oder einem weiten Topf das Olivenöl heiß (aber nicht zu heiß!) werden lassen, die Zwiebeln mit dem Zucker hineingeben und rühren, bis sie glasig werden, dann das Hackfleisch und den Knoblauch dazugeben. Wenn das Fleisch nicht mehr rosa, sondern rundherum angebraten ist, mit Wein und Apfelsaft ablöschen, kurz aufkochen lassen und die Brühe hineinrühren. Dann die Kräuter und Tomaten dazugeben. Mit Balsamico, Salz und Pfeffer abschmecken. Eine halbe Stunde ohne Deckel auf kleiner Flamme köcheln lassen.

Für die Sauce die Butter in einem Topf zergehen lassen und das Mehl nach und nach mit dem Schneebesen einrühren. Unter ständigem Rühren portionsweise die Milch dazugeben. Auf kleiner Flamme köcheln lassen und dabei rühren, bis die Sauce dicklich wird. Mit Salz, Pfeffer und Muskat abschmecken.

Die Äpfel schälen, entkernen und in dünne Spalten schneiden.

Den Boden einer Auflaufform mit etwas Sauce ausgießen und mit einer Schicht Lasagneblätter auskleiden. Die Hälfte der Apfelscheiben darauf verteilen, die Hälfte der Hackfleischfüllung darüber geben und mit Sauce bedecken. Wiederum Lasagneblätter, Äpfel, Füllung und Sauce einschichten. Mit Lasagneblättern abdecken. Den Mozzarella in Scheiben, den anderen Käse gerieben gleichmäßig darauf verteilen und mit Butterflöckchen belegen. Rund 40 Minuten bei 200 Grad im Ofen backen.

Kürbisgnocchi mit Petersilienbutter

Für frischgebackene Väter oder Geschwister, die sich ein wenig zurückgesetzt fühlen
Einfach, schnell, auch für Gäste

---

500 g Kürbis – *Trost, liebevolle Geborgenheit*
190 g Mehl
35 g geriebener Parmesan
Pfeffer aus der Mühle – *Motivation*
100 g Butter
2 EL frische, gehackte Petersilie – *Mut, Herausforderungen anzunehmen*
Salz

Den Kürbis in Alufolie wickeln und in eine feuerfeste Form setzen. Im auf 200 Grad vorgeheizten Backofen etwa 1 Stunde backen, bis sich die Schale leicht eindrücken lässt. Etwas abkühlen lassen, die Kerne (falls vorhanden) mit einem Löffel entfernen und das Fruchtfleisch von der Schale schaben.

Das Kürbisfleisch in eine Schüssel gegen, das Mehl dazusieben und mit Parmesan und reichlich Pfeffer gründlich glatt kneten. Den Teig halbieren und mit bemehlten Händen zu einer etwa 40 cm langen Rolle formen. Diese in 16 Stücke schneiden und mit dem Rücken der Gabelzinken leicht flachdrücken.

In einen Topf 3 Liter Wasser zum Kochen bringen. Zugleich in einer Pfanne langsam die Butter zerlassen. Einen Esslöffel Salz in das kochende Wasser geben und danach die Gnocchi vorsichtig ins Wasser gleiten lassen. Ein Sieb bereitstellen. Die Gnocchi, die an die Oberfläche gestiegen sind, noch 3 Minuten kochen lassen, dann mit dem Lochschöpfer herausheben und zum Abtropfen in das Sieb legen.

In die erhitzte, aber nicht zu heiße Butter eine Prise Salz und die Petersilie geben. Nur kurz unter Rühren anziehen lassen und dann die Gnocchi dazugeben. Alles gut in der Pfanne durchmischen, mit frisch gemahlenem Pfeffer und frisch geriebenem Muskat würzen, eventuell noch mit etwas Salz abschmecken und sofort servieren.

LIEBE UND LEIDENSCHAFT

Es macht sehr viel Spaß, die Geheimnisse der Pflanzen in eine Liebesbeziehung hineinzukochen und ihre Wirkung »hautnah« mitzuerleben! Es müssen nicht immer Probleme und Herausforderungen sein, für die man die feinstofflichen Pflanzenbotschaften einsetzt. Gerade in der aufregenden Phase der »Balzzeit«, wenn man mitten in rosaroter Verliebtheit steckt oder auch, wenn alles in der Beziehung rund läuft, bringt gezielter Küchenzauber so manche spannende und überraschende Bereicherung ins Spiel.

Dabei ist es allerdings wichtig, dass Sie den Energien Raum und Rahmen geben, damit sich ihre Wirkung entfalten kann. Das heißt, dass Ihr perfekt abgestimmtes Verführungsdiner mit Kerzenlicht und Rosenblättern auf dem Tischtuch genauso gut in einer Bahnhofshalle stattfinden könnte, wenn während des Essens dauernd Ihr Handy oder das Ihres Gegenübers klingelt. Auch fördert es nicht gerade die Stimmung, wenn Sie jeden Bissen, den Ihr Tischgenosse zum Mund führt, genau beobachten, um eine mögliche Reaktion oder Veränderung an ihm festzustellen. Ihr Partner würde sich wohl eher wie ein seltenes Insekt fühlen, das man zu Forschungszwecken unter ein Mikroskop gesetzt hat – kurz: unwohl. Auch würde sich Ihre Anspannung unweigerlich auf die allgemeine Atmosphäre übertragen, Sie selbst wirken unnatürlich und merkwürdig abwesend. Also nichts, was zu romantischen Gefühlen beiträgt ... Verkneifen Sie sich auch das unerklärliche kleine Lächeln, wenn er oder sie zu den lustfördernden Häppchen greift, es trägt nicht gerade zur Entspannung des oder der zu Verführenden bei.

Verführungszauber wollen sorgsam überdacht sein – vor allem für Frauen. Wenn frau den begehrten Mann noch nicht gut kennt, sollte sie sich gut überlegen, was sie sich von dem Abend beziehungsweise der Nacht wünscht, und die Speisekarte dementsprechend zusammenstellen. Wer zarte Annäherung, Romantik und vor allem die gefühlvolle Seite betonen möchte, sollte nicht unbedingt ein halbrohes Steak mit scharfem Chilidip, Tomatensalat mit Zwiebeln und Kartoffeln auffahren. Stellen Sie sich vor, dieser charmante Mann, mit dem Sie erst ein paar Mal aus waren (wobei er sich einfach wundervoll und gentlemanlike benommen hat), besitzt von vornherein eine stark ausgeprägte Libido. Er fühlt sich sehr zu Ihnen hingezogen und hat die letzten einsamen Nächte damit verbracht, sich den Moment vorzustellen, in dem er Sie endlich leidenschaftlich in seine Arme reißt. Es fällt ihm schon an der Tür schwer, Sie zur Begrüßung nicht sofort zu küssen – und in dieser Verfassung füttern Sie seine Leidenschaft noch mit den Energien von körperbetonten Knollen, mit sexuellen Scharfmachern und dem erd- und triebbetonenden Nahrungsmittel Fleisch, statt mit den entsprechenden Früchten und Gemüsen für Gefühlstiefe und Gesprächsfreude zu sorgen!

So könnte es durchaus passieren, dass Sie enttäuscht und bestürzt erleben, dass sich Ihr romantischer Zauberabend im Zeitraffer Richtung Schlafzimmer bewegt. Was nun wirklich nicht nur an ihm liegt ...

Wenn Sie aber schon lange den geheimen Wunsch hegen, dass ihr Lover Sie noch vor dem Dessert auf den Küchentisch wirft, versuchen Sie es mit dem Rezept für das »VerNasch-Büffet«, lassen Sie aber Weintrauben und Gurken weg, und reichern Sie es zusätzlich mit kurz gebratenem Fleisch an.

VerNasch-Büffet für eine feurige Nacht

Einfach, gut vorzubereiten, auch für Picknicks geeignet

Zwei Dinge sind hier ganz wichtig: Es handelt sich bei diesem Büffet um kalte Speisen, so dass Koch oder Köchin weder in Stress kommt, noch einen festen Zeitplan braucht, sondern viel Raum für das bleibt, worum es eigentlich gehen soll ... Und es sind Speisen, die der Sinnlichkeit schon in der Esskultur Rechnung tragen: Alles wird ohne Besteck, nur mit den Fingern gegessen. (Daher sollten Sie, wenn Sie das Büffet durch eigene Kreationen erweitern wollen, auf Marinaden und Saucen verzichten. Die Sinnlichkeit endet abrupt, wenn ölige oder klebrige Flüssigkeit in den Ärmel läuft und fettverschmierte Hände an Ihr Haar wollen ...)

Feuerfinger mit Kirschtomaten

1 altbackenes Brötchen
1 kleine Zwiebel
1 Knoblauchzehe – *libidofördernd, schützend*
250 g gemischtes Hackfleisch
2 Eier
1 EL gehackte Petersilie – *Mut, entkrampft*
¼ TL Sambal Oelek – *Leidenschaft*
Salz, Pfeffer, Rosenpaprikapulver – *Liebe, Leidenschaft*
Öl zum Braten
250 g süße kleine Kirschtomaten – *Liebe, Wollust*

Das Brötchen in etwas Wasser einweichen. Zwiebel und Knoblauch schälen, die Zwiebel sehr fein hacken.

In eine Schüssel das Hackfleisch, die Zwiebel und die Eier geben. Das Brötchen gut ausdrücken und ebenfalls dazugeben. Nun noch die Knoblauchzehe dazupressen, Petersilie und Sambal Oelek beifügen und mit Salz, Pfeffer und Paprika abschmecken. Mit den Händen gut durchmischen und zu einem homogenen Teig kneten. Mit nassen Händen daumenlange und -dicke Röllchen formen.

Die Fleischröllchen in reichlich heißem Öl rundherum anbraten und dann auf kleiner Flamme noch 4 Minuten von jeder Seite garen lassen. Überschüssiges Bratfett zwischen zwei Lagen Küchenpapier abtupfen und die Fleischröllchen auskühlen lassen.

Die Kirschtomaten (nicht im Kühlschrank aufbewahren!) waschen, trocknen und in einer flachen Schale mit den »Feuerfingern« mischen.

Tipp: Wer will, kann noch einen Teelöffel fein gehackten frischen Rosmarin darüber streuen.

Zigeuner-Rondelle

4–5 Scheiben kräftiges Bauernbrot
250 g Butter
250 g Magerquark
1 TL mittelscharfer Senf
1 TL Tomatenmark – *Liebe, Sexualkraft*
½ TL Kräutersalz
Pfeffer aus der Mühle
1 TL Rosenpaprikapulver – *Liebe, Leidenschaft*
2–3 Messerspitzen Cayennepfeffer – *Leidenschaft*
2 dicke oder 4 mittelgroße Knoblauchzehen – *libidofördernd, hilft, die persönlichen Grenzen zu wahren*
1 dicke, knackige (!) Essiggurke – *vitalisiert, harmonisiert*
1 rote Paprika – *Liebe, Leidenschaft, Fantasie*
1 EL gehackter Schnittlauch – *Verbindung von Herz und Verstand*

Aus den Brotscheiben mit einer Plätzchenform oder mit einem Glas Kreise ausstechen.

Die Butter in Stücken in eine Rührschüssel schneiden und mit dem Handmixer cremig rühren. Den Quark dazugeben, durchrühren. Nun Senf, Tomatenmark, Salz, kräftig Pfeffer, Rosenpaprika, Cayennepfeffer und den durch die Presse gedrückten Knoblauch hinzugeben. Alles sehr sorgfältig mischen und nach

Geschmack nochmals nachwürzen. Zum Schluss die Essiggurke sehr fein wiegen und ebenfalls unterrühren. Den Aufstrich eine halbe Stunde bei Zimmertemperatur durchziehen lassen, dann probieren und gegebenenfalls nachwürzen.

Auf die Brotscheiben jeweils einen großen Löffel davon verteilen. Mit in Streifen geschnittener roter Paprika belegen und mit Schnittlauch bestreuen.

Tipp: Reste des Aufstrichs halten sich im Kühlschrank noch bis zu zwei Wochen – vermutlich werden sie aber schon viel früher restlos verputzt.

Knackige Karottensticks mit Spezialdip

2 EL starke Gemüsebrühe
Balsamicoessig – *Behutsamkeit mit Gefühlen*
Olivenöl – *Kräftezuwachs*
Joghurt
mittelscharfer Senf, Salz, Zucker
frisch gemahlener Pfeffer – *Energie, libidoweckend*
2 dicke Knoblauchzehen – *libidofördernd, schützend*
2 EL fein gehackte Petersilie – *Mut, entkrampft*
3 Scheiben Weizenmischbrot vom Vortag
1 Bund junge Karotten – *Unbeschwertheit, potenzstärkend*

Die Brühe mit Essig, Öl, Joghurt, Senf, Salz, Zucker und Pfeffer mit dem Schneebesen gut aufschlagen. Die Knoblauchzehen schälen und dazupressen. Die Petersilie darunter rühren und das Brot in kleinen Stücken hineinbrocken. Gut durchrühren und beiseite stellen.

Die Karotten waschen, trockentupfen und in etwa fingerdicke Stifte schneiden.

Wenn das Brot in der Sauce völlig durchgeweicht ist, mit der Gabel vollständig zerdrücken und alles zu einem cremeartigen Dip verrühren. Nach Belieben eine blaue Weintraube – für mehr Gefühlstiefe – als ergänzenden Farb- und Energietupfer darauf setzen.

Man taucht die Karottensticks in den Dip und genießt die knackige Frische zusammen mit der herzhaften Brotmischung. So begeistern Sie auch eingefleischte Verweigerer von frischem Gemüse – abgesehen von der Freude an der sinnlichen Art, Karotten zu vernaschen ...

Erdbeeren in weißer Schokolade

250 g frische Erdbeeren möglichst mittlerer Größe – *Liebe, Erotik*
1 Block (200 g) weiße Kuvertüre

Die Erdbeeren waschen und vorsichtig mit Küchenpapier trockentupfen.

Die Kuvertüre in grobe Stücke schneiden und im Wasserbad schmelzen.

Ein Küchenbrett oder ein Backblech mit Alufolie belegen und mit Öl einstreichen.

Die Erdbeeren an ihrem grünen Blätterschopf nehmen und die untere Hälfte in die geschmolzene Schokolade tauchen. Auf dem Brett etwa eine halbe Stunde trocknen lassen, dann vorsichtig ablösen.

Das Kennenlern-Huhn für vorher und nachher

Einfach, gut vorzubereiten, raffiniert, schmeckt auch aufgewärmt

Viel romantischer und weit effektiver als eine Einladung ins Restaurant kann es sein, Ihren neuen Schwarm zu einem Candle-Light-Dinner zu sich nach Hause zu bitten. Mit diesem Gericht ernten Sie nicht nur rückhaltlose Bewunderung für Ihre Kochkünste, Sie tun auch ganz gezielt etwas für die Beziehung: Die verschiedenen Gemüse und Kräuter helfen, die richtige Wohlfühlatmosphäre zu schaffen, das Gespräch in Gang zu halten, offen und interessiert für die Persönlichkeit des anderen zu sein. Außerdem fördert es Zuneigung, Liebesgefühle und – möchten Sie neben der Persönlichkeit auch den Körper Ihres Gegenübers besser kennen lernen – Leidenschaft und Sexualkraft.

1 Huhn oder Poularde, küchenfertig
Brathähnchen-Würzsalz oder Rosenpaprikapulver
2 Tomaten – *Liebe, Sexualkraft, Selbsticherheit*
1 rote Paprika – *Liebe, Leidenschaft, Fantasie*
1 grüne Paprika – *innere Ausgeglichenheit, Bereitschaft, Neues kennen zu lernen*
1 gelbe Paprika – *gute Laune, Kommunikationsfreude, öffnend für das Wesen des anderen*
1 große Zwiebel – *vitalisierend, Sexualkraft, innere Flexibilität*
2 Karotten – *gute Laune, potenzfördernd*
5 mittelgroße Kartoffeln – *Körperbewusstsein*
5 EL Öl
½ l Gemüse- oder Hühnerbrühe
3 Knoblauchzehen – *libidofördernd, hilft, die persönlichen Grenzen zu wahren*
1 EL Provencekräuter oder je 1 TL getrockneter Thymian – *vitalisierend, gut für Herzensgefühle* –, Rosmarin – *fördert Libido, energetisiert, liebevolle Stimmung* – und Oregano – *öffnet das Herz*
Salz, Pfeffer, Senf, Ketchup

Den Backofen auf 200 Grad vorheizen.

Das Huhn innen und außen waschen (Plastiksäckchen mit Innereien vorher herausziehen, wer sie mag, kocht sie dann mit), trockentupfen, innen und außen mit Würzsalz oder einer Mischung von Salz und Rosenpaprika einreiben. Die Gemüse und Kartoffeln in grobe Stücke schneiden. Das Huhn mit ein paar Stücken Gemüse füllen, in die Mitte einer feuerfesten Bratform setzen. Das restliche Gemüse darumherum verteilen.

Aus dem Öl, der Brühe, dem durchgepressten Knoblauch, den Kräutern und Gewürzen eine Marinade herstellen. Das Huhn und das Gemüse mit der Hälfte davon übergießen und im vorgeheizten Ofen 15 Minuten schmoren, dann mit der restlichen Brühe übergießen und weiterschmoren lassen. Nach weiteren 15 Minuten und nochmals nach 10 Minuten mit der Marinaden-Brat-Flüssigkeit aus der Bratform übergießen. Nach weiteren 10 Minuten (oder insgesamt 50 Minuten Garzeit) prüfen, ob die Kartoffeln gar sind. Das farbenfrohe Gericht in der Form auf den Tisch bringen.

Wenn Sie nach dem Mittagessen ein Schäferstündchen geplant haben, ist dieses Pastagericht genau das richtige: Es ist im Handumdrehen zubereitet, beschwert den Organismus nicht, so dass man nach dem Essen nicht müde wird, und gibt sein heißblütiges Temperament gerne an seine Esser weiter.

Sexaghetti

Schnell, einfach, muss ganz frisch gegessen werden

---

150 g Shrimps (Krabben)
1 daumendickes Stück frischer Ingwer – *vitalisiert, weckt die Triebe*
1 kleine Zwiebel – *Flexibilität*
5 Knoblauchzehen – *libidofördernd, schützend*
1 Bund glatte Petersilie – *Mut, entkrampft*
300 g Hartweizen-Spaghetti
250 ml Olivenöl, kaltgepresst – *Kräftezuwachs*
1/4 TL gekörnte Gemüsebrühe
1 frische oder getrocknete Chilischote – *Leidenschaft*
Salz, frisch gemahlener Pfeffer – *Energie, libidoweckend*

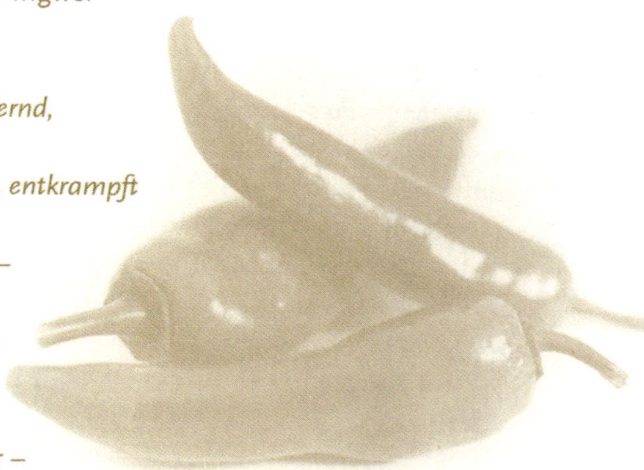

Shrimps aus der Dose oder dem Kunststoffbehälter abtropfen lassen. Den Ingwer, die Zwiebel und die Knoblauchzehen schälen. Den Ingwer fein hacken. Die Zwiebel halbieren und in halbe Ringe schneiden. Die Knoblauchzehen grob hacken. Die Petersilie ebenfalls fein hacken.

3 Liter Wasser zum Kochen bringen, 1 Esslöffel Salz hineingeben, die Spaghetti hineingleiten lassen und in etwa 8 Minuten al dente kochen.

Währenddessen das Olivenöl in einer hohen Pfanne heiß, aber nicht zu heiß werden lassen. Den Ingwer und die Zwiebel hineingeben und rühren, bis die Zwiebel glasig ist. Mit Gemüsebrühe, Salz, Pfeffer und der Chili würzen (probieren, das Öl muss richtig lecker würzig schmecken), dann den Knoblauch und die Shrimps dazugeben und auf kleine Flamme schalten. Der Knoblauch darf nicht braun werden, denn dann schmeckt er bitter.

Die fertig gegarten Spaghetti abschütten. In die Pfanne zu der Ölmischung geben, die Petersilie beifügen und sehr gut durchmischen. Sofort servieren.

Tipp: Sollten Sie den Geschmack von Ingwer nicht mögen, lassen Sie ihn weg.

Natürlich können und brauchen Sie nicht immer Ihre Kochkünste einzusetzen, wenn Sie etwas Pflanzenmagie in ein Rendezvous hineinzaubern wollen. Hier zwei Beispiele für »Zaubertränke«, die es in sich haben:

Strawberry Pearls – der Flirtdrink von ihm für sie

Kurz vor dem Ausgehen noch mit einem Gläschen von diesem speziellen Aperitif anzustoßen ist mit Sicherheit eine hervorragende Einleitung für einen »rosaroten« Abend – oder nach der Heimkehr genossen, ein viel versprechender Ausklang ...

Verwenden Sie für diesen Drink keinen fertig gekauften Erdbeerlikör! Zum einen ist der Erdbeeranteil darin meist sehr gering und damit natürlich auch die Stärke der entsprechenden Botschaft. Zum anderen sind fertige Likörmischungen oft sehr süß und lassen damit den Drink eher klebrig als perlend-frisch schmecken. Und nicht zuletzt schmeichelt es ihren weiblichen Fähigkeiten, dass Sie imstande sind, solche Köstlichkeiten selbst zu zaubern.

---

1 Glas trockener Sekt
½ Schnapsglas selbst gemachter Erdbeerlikör

Den Erdbeerlikör mit dem eiskalten Sekt aufgießen – und einfach genießen!

Erdbeerlikör

Schnell, einfach, hält sich 3–4 Monate

---

200 g wirklich aromatisch-süße Erdbeeren – *Liebe, Sinnlichkeit*
0,7 l Wodka guter Qualität
1 ½ EL Kandiszucker
½ Zimtstange – *schützt, vitalisiert*

Die Erdbeeren nur ganz kurz waschen oder abbrausen, vorsichtig und gut mit Küchenkrepp trockentupfen. Die Erdbeeren vierteln, die Blätter entfernen. Die Erdbeeren mit dem Zucker und der Zimtstange in ein hohes, weites Einmachglas (z. B. großes Gewürzgurkenglas) geben, mit dem Wodka übergießen und gut verschlossen 3 Wochen an ein möglichst sonniges Fenster stellen. Ab und zu durchschütteln. Danach durch ein Kaffeefilterpapier abfiltern und in eine saubere, trockene Flasche füllen. Kühl und dunkel aufbewahren.

Heart 'n' Fire

Alkoholfrei und gut für die Liebe

½ l Tomatensaft – *Liebe, Lust*
mehrere Eiswürfel
Tabasco – *Leidenschaft*
Salz und Pfeffer aus der Mühle – *Energie, libidoweckend*

Eiswürfel in hohe Gläser geben und mit dem Tomatensaft aufgießen. Jeder würzt nach Geschmack und gewünschter Schärfe selbst mit Tabasco, Salz und Pfeffer.

Tipp: Unbedingt mit langen Löffeln oder Strohhalmen servieren: Die Gewürze setzen sich auf dem Boden ab. Das von Zeit zu Zeit nötige Umrühren kann beim Flirt über so manche Verlegenheit hinweghelfen.

So aufregend die verschiedenen Stadien von Liebesgeflüster auch sind, irgendwann erwischt es jeden und jede einmal: Liebeskummer.

An Ihrer Tür klingelt es Sturm und Ihre Freundin stürzt in Tränen aufgelöst herein. Zwischen zwei Schluchzern und immer wieder von Heulkrämpfen unterbrochen, erzählt sie von dem Verlust ihres Herzenspartners. Das ist kaum der geeignete Zeitpunkt, um die verzweifelte Freundin mit einem freundlichen »Ich koch uns erst mal was« allein auf dem Sofa sitzen zu lassen, allein schon weil Ihre Freundin in dieser Verfassung keinen Bissen zu sich nehmen würde. Die richtige Form, ihr in so einem Moment die dringend benötigten Nothelferenergien zu verabreichen, ist ein im wahrsten Sinne des Wortes »geistiges« Getränk: ein »Pflaumenlikör«. Er motiviert Ihre Freundin, sich so lange und gründlich bei Ihnen auszusprechen, bis der erste große Kummer von der Seele geredet ist. Dadurch ist der akuten Krise bereits die Spitze genommen, der Prozess der Verarbeitung kann beginnen. Gleichzeitig wirkt der Pflaumenlikör beruhigend und füllt die angegriffenen inneren Kraftreserven wieder auf. Und: Vergessen Sie nicht, ein Gläschen mitzutrinken, um Ihr Einfühlungsvermögen in Hochform zu bringen!

Liebeskummer I (aufgelöst in Tränen):

Erste-Hilfe-Pflaumenlikör

Einfach, schnell

Süße Pflaumen – *erleichtern es, das Herz auszuschütten und zu verarbeiten*
2 EL weißer Kandiszucker
0,7 l guter Cognac

Die klein geschnittenen Pflaumen und den Kandiszucker in ein weites Glas (z. B. großes Gewürzgurkenglas) füllen. Den Cognac darüber gießen und gut verschlossen 3 Wochen an ein möglichst sonniges Fenster stellen. Ab und zu durchschütteln. Danach durch ein Kaffeefilterpapier abfiltern und in eine saubere, trockene Flasche füllen. Kühl und dunkel aufbewahren.

Liebeskummer II (wie erstarrt, kann nicht weinen):

Schwieriger ist es, wenn die/der Verlassene wie unter Schock wirkt, keine Träne vergießt und vielleicht sogar Witze mit Galgenhumor reißt. Die aufgestauten Gefühle können sich erst Bahn brechen, wenn die ersten heilsamen Tränen fließen, und um das zu erreichen, können Sie neben Ihrer liebevollen Anteilnahme die Kräfte der Birne nutzen: in Form von Schnaps.

Wenn Sie nicht zufällig Besitzer einer Destillieranlage sind oder einen Schwarzbrenner in der Nachbarschaft haben, kaufen Sie ganz einfach in einem gut sortierten Laden einen reinen Birnenschnaps bester Qualität.

Sollten Sie etwas Zeit zur Vorbereitung haben, zum Beispiel weil Ihre Freundin Sie erst einmal angerufen hat, um sich zu versichern, dass Sie wirklich zu Hause sind, reißen Sie den Fertig-Blätterteig aus dem Kühlschrank und machen Sie schnell ein paar Zwiebel-Käse-Täschchen dazu.

Zwiebel-Käse-Täschchen

2 Zwiebeln – *bringt Erstarrtes ins Fließen*
1 TL Zucker
Salz, Pfeffer
1 Packung Fertig-Blätterteig
Hartkäse wie Gouda oder Emmentaler oder Mozzarella oder Feta
(eventuell ein Eigelb)

Die Zwiebeln schälen und in Ringe schneiden. In einer Pfanne etwas Fett erhitzen, den Zucker einstreuen und die Zwiebeln darin glasig braten. Mit Salz und Pfeffer würzig abschmecken.

Den Blätterteig in etwa CD-große Stücke schneiden und diese nochmals halbieren. Auf die eine Seite des Teigstücks ein paar Zwiebelringe und darüber ein dünnes Stück Käse legen. Den gegenüberliegenden Teigzipfel darüber schlagen und die so entstandene dreieckige Teigtasche an den Rändern festdrücken. Wenn Sie die Zeit dazu haben, bepinseln Sie die Ränder vor dem Festdrücken mit Eigelb und ebenfalls die Oberseite der backfertigen Teigtasche. Wenn nicht, können Sie die Oberseite auch lediglich mit Wasser bestreichen.

Bei 200 Grad im Ofen goldbraun backen, bis sie schön aufgegangen sind (10–15 Minuten).

Versöhnung

Auseinandersetzungen gibt es in jeder Beziehung, und sie können sogar ganz nützlich sein, wenn man es schafft, den Streit irgendwann in eine versöhnlich-klärende Aussprache zu verwandeln. Jedes Paar muss sich hier eine eigene Strategie zulegen. Meist ist man gut beraten, nach dem Gewitter erst einmal etwas auf Distanz zu gehen, um sich Luft zu verschaffen, wieder klarer denken zu können und sich zu beruhigen. Nutzen Sie die Zeit und stürmen Sie in den nächsten Supermarkt ... um vorausschauend für das magische Versöhnungsessen einzukaufen! Wenn Ihr Partner sich mehr oder weniger türenknallend verzogen hat, beschäftigen Sie sich mit irgendetwas, was Sie üblicherweise beruhigt oder ablenkt (Putzen, Computerspiele, Gartenarbeit, Nägellackieren, am Auto herumschrauben) – und dann gehen Sie in die Küche und lassen Ihre Magie walten.

Dass es sich viel leichter und wohlwollender bei einem Glas Wein und einem guten Essen miteinander spricht, wissen Unternehmer seit langem, und darum werden wichtige oder heikle Geschäftsabschlüsse immer in einem Restaurant bei Speis und Trank beredet. Wenn es Ihnen beiden schwer fällt, den Standpunkt des anderen zu sehen, wenn Sie aus Trotz auch ein bisschen »bocken« und alte Verletzungen eine Rolle spielen, backen Sie unkompliziert, schnell und wirksam einen Zwiebelkuchen.

Zwiebelkuchen

5 mittelgroße Zwiebeln – *Flexibilität im Denken, bringt Erstarrtes ins Fließen*
2–3 Knoblauchzehen (fakultativ) – *reinigt negative Atmosphäre*
1 EL Butter
1 gehäufter EL Zucker
1 gestrichener TL gekörnte Brühe
Salz, Pfeffer, Rosenpaprika – *liebevoller Umgang miteinander*
1 Packung Fertig-Blätterteig
1 Becher saure Sahne
2 Eier

Die Zwiebeln in Ringe, den Knoblauch in kleine Stücke schneiden. In einem Topf die Butter heiß werden lassen, den Zucker einstreuen und die Zwiebeln darin unter Rühren glasig braten. Den Knoblauch und die Gewürze dazugeben und gut verrühren. Beiseite stellen und abkühlen lassen.

Den Fertig-Blätterteig mitsamt dem Backpapier auf ein Backblech legen und rundherum einen kleinen Rand nach oben drücken. Den Backofen auf 200 Grad vorheizen.

Die saure Sahne und die Eier zu der Zwiebelmischung geben und gut verrühren. Alles auf dem Teig verteilen und im Ofen 15–20 Minuten zart goldbraun backen.

Noch heiß in Rechtecke schneiden. Warm zu einem Glas Wein oder Bier schmeckt Zwiebelkuchen am besten.

Nach einem sehr heftigen, jähzornigen Streit, wenn das Kriegsbeil nur dann wirklich begraben werden kann, wenn die Aussprache tiefer geht und Raum für neue Lösungen entsteht, braucht es mehr Zeit und eine ausgeklügeltere Unterstützung. Wichtig ist, dass Sie zusammen mit der Essenseinladung deutlich machen, dass Sie nach dem Essen noch einmal in Ruhe über den Konfliktpunkt sprechen wollen. Gerade Frauen nehmen es ihrem Partner sehr übel, wenn sie das Gefühl haben, dass mit »Schön-Wetter-Machen« einfach alles unter den Tisch gekehrt werden soll.

Haben Sie mit Ihrem Partner noch keine konstruktive Strategie für solche Versöhnungsaussprachen entwickelt? Ziehen sich, sobald der Streitpunkt wieder berührt wird, die Gewitterwolken erneut zusammen? Dann verzichten Sie am besten auf die Ankündigung einer Aussprache und belassen es bei der hoffentlich liebevollen Versöhnung ... und holen sich Rat, wie Sie miteinander nicht nur Waffenstillstand, sondern nach einem Streit auch wirklich Frieden schließen können.

Versöhnungssalat zum Sattwerden

Einfach, belastet nicht, auch für Gäste

Für 2 Personen

Im Grunde handelt es sich hier lediglich um knackfrischen Blattsalat mit würzigen Putenbruststreifen und Käsestückchen. Aber mit ausgewählten Früchten und einem besonderen Dressing machen Sie ein kulinarisches und energetisches Highlight daraus.

Dressing:
1/8 l Gemüsebrühe
4 EL Balsamicoessig – *Behutsamkeit mit Gefühlen*
1 TL Zucker
1 TL Senf
Salz, Pfeffer – *Energie*
1 Knoblauchzehe – *reinigt negative Atmosphäre*
2 Scheiben Mischbrot
5 EL Apfelsaft – *Verständnis*
6–7 EL Olivenöl – *gegen innere Erschöpfung*
1 EL Crème fraîche
7 Basilikumblätter – *besänftigt, kreative Lösungswege*

verschiedene Blattsalate Ihrer Wahl – *Selbstbeherrschung, beruhigt*
250 g Erdbeeren – *den anderen annehmende Liebe*
1 unbehandelte Zitrone – *innere Klarheit*
1 Kiwi – *beruhigt, gegen Stress*
100 g Gouda oder milder Emmentaler, gehobelt
1 Zwiebel – *innere Flexibilität, weicht verhärtete Fronten auf*
2 Putenbrustfilets
Senf
1 EL Butter und 1 EL Olivenöl
1/8 l Gemüsebrühe
1 EL Ketchup
1 Zweig frischer Rosmarin – *liebevolle Gefühle*

Für das Dressing 1/8 Liter warmer, starker Gemüsebrühe mit Essig, Salz, Zucker, Senf, Pfeffer und durchgepresster Knoblauchzehe gut vermischen. Das Brot in kleine Stücke zerteilt dazugeben und umrühren, so dass jedes Brotstück mit Flüssigkeit benetzt ist. Nun den Apfelsaft und das Öl hinzufügen, 4 Blätter des Basilikums dazuzupfen und wieder gut durchrühren. Beiseite stellen.

Den Salat waschen, trockenschleudern, die Blätter gabelgerecht zerzupfen und in eine weite Schüssel geben.

Die Erdbeeren waschen, vorsichtig trockentupfen, vom Stielansatz befreien und vierteln. Mit der abgeriebenen Schale einer halben Zitrone bestreuen, ein wenig Zitronensaft darüber träufeln, etwas Pfeffer darüber mahlen, vermischen und durchziehen lassen.

Die Kiwi schälen und in Scheiben schneiden. Den Käse in Streifchen hobeln oder schneiden. Die Zwiebel fein hacken. Die Putenbrustfilets von beiden Seiten dünn mit Senf einreiben, salzen und pfeffern. In einer Pfanne Butter und Öl heiß werden lassen, die Putenfilets darin von jeder Seite goldbraun anbraten. Die gehackte Zwiebel dazugeben und kurz mitdünsten. Dann mit $\frac{1}{8}$ l Brühe ablöschen, das Ketchup hineinrühren und den Rosmarinzweig hineinlegen. Bei mittlerer Hitze gar ziehen lassen, zwischendurch wenden. Die Filets herausnehmen und in Streifen schneiden.

Das Brot im Salatdressing mit der Gabel restlos zerdrücken, die Crème fraîche dazugeben und gut verrühren. Das Dressing über den Salat verteilen, mischen und in zwei Portionen auf großen Tellern anrichten. Den Käse darüber streuen, die Filetstreifen sternförmig darauf verteilen, Kiwischeiben dazwischen legen und die Mitte mit den restlichen Basilikumblättern und einem Häufchen marinierter Erdbeeren krönen. Mit Baguette oder Pizzabrot sofort servieren.

BERUF UND KARRIERE

Neben Ihren menschlichen Qualitäten zählt im Berufsleben vor allem Ihre Leistung, womit die Palette für den möglichen Einsatz von unterstützenden feinstofflichen Energien hier breit gefächert ist.

Auch wenn Sie oder Ihr Partner einer handwerklichen oder körperlich anstrengenden Arbeit nachgehen, können Ihnen dennoch die guten Geister derjenigen Pflanzen nützlich sein, die vorwiegend den Geistesbereich und die Redegewandtheit unterstützen. Ein guter Schreiner zum Beispiel muss sich enorm konzentrieren, um seine Berechnungen richtig anzustellen und echte Präzisionsarbeit zu leisten. Und wenn er dann auch noch seine kreative Ader fördert, entstehen vielleicht ganz besondere Stücke, die den Erfolg seiner Arbeit krönen. Wer auf dem Bau oder an Maschinen trotz vielleicht eintöniger Routine nicht konzentriert arbeitet, gefährdet sich und andere. Und auch ein absoluter Meister seines Fachs, der aber mit seiner ruppigen, einsilbigen Art jeden Kunden vergrätzt, kommt nicht wirklich weiter.

Kopfarbeiter sollten neben all den Wirkkräften, die Geist und Kreativität fördern, auch diejenigen Früchte und Gemüse nicht vergessen, die Lebenskraft und frische Energie schenken, denn geistige Leistung ist auf einer anderen Ebene ein ebenso anstrengender Kraftakt wie körperliche Arbeit. Innere Erschöpfung, das berühmte Gefühl des Ausgebranntseins und kreative Blockaden sind die Ergebnisse von geistiger Überanstrengung.

Auch Pflanzen, die das Körperbewusstsein stärken, sind wichtig. Geistesarbeiter neigen nämlich oft dazu, sich ganz auf ihren Kopf als alleiniges Werkzeug für das Verdienen des Lebensunterhalts beziehungsweise das Stürmen der Karriereleiter zu konzentrieren. Der Körper und seine Bedürfnisse werden dabei gerne vergessen. Das Ergebnis sind immer wieder und immer stärker auftretende körperliche Beschwerden bis hin zu Zusammenbrüchen und Krankheiten.

Schließlich ist es auch Ihre soziale Kompetenz, die über Festanstellung, Beförderung oder Karrieresprung entscheidet. Jeder Chef, der in der heutigen Zeit eine Fortbildung in Sachen Personalführung und Betriebserfolg gemacht hat, weiß, dass das gute Betriebsklima eine entscheidende Rolle in Bezug auf die Unternehmensproduktivität spielt. Darum sind Mitarbeiter, die sich mit den Kollegen vertragen, bei Kritik nicht gleich zusammenbrechen, schwierige Situationen mit Diplomatie meistern statt auf Konfrontation zu gehen und die viel gute Laune verbreiten, den Chefs nicht nur persönlich sympathischer, sondern auch für den Betrieb wertvoller. Und auch, wenn Sie guten Gewissens sagen können, dass Sie weder der Abteilungsstörenfried noch die Bürozicke sind und einen Rüffel durchaus wegstecken können, gibt es Situationen, in denen all das schwererfällt.

Zeit, sich Unterstützung anzuessen! Vielleicht fragen Sie sich, wie das funktionieren soll, wenn doch eindeutig Kollege X, der durchgeknallte Chef oder der wahnsinnige Leistungsdruck schuld an Ihrem Elend sind. Doch Sie werden feststellen, dass sich die äußeren Umstände ändern, wenn sich bei Ihnen etwas ändert – und sei es nur, dass Sie sich ein dickeres Fell zulegen und es dem Vorgesetzten damit keinen Spaß mehr macht, Sie für seine Machtdemonstrationen zu benützen. Außerdem können Sie auch andere Personen mit positiven Botschaften füttern. Stellen Sie auf Ihren Schreibtisch einen Teller mit geschälten und in mundgerechte Stücke geteilten Früchten, die die von Ihnen gewünschten Energien enthalten. Schon bald werden sich die ersten Nascher einstellen, und kaum einer wird Ihrem Angebot, wenigstens ein Scheibchen zu nehmen, widerstehen können. Auch eine hübsch angerichtete »magische« Imbissplatte, die Sie für alle auf den Pausentisch stellen, bringt Ihnen nicht nur Sympathiepunkte, sondern zeigt auch Wirkung.

Für Vorstellungsgespräch, mündliche Prüfung, Präsentation:

Maissalat »Die goldene Zunge«

Einfach, schnell, zum Mitnehmen
Für 2 Personen

80 g Spiralnudeln
3 feste Tomaten – *Selbstsicherheit*
2 Dosen Gemüsemais – *positive Ausstrahlung, Wortgewandtheit*
1 Becher süße Sahne
50 g gemahlene Walnüsse – *Konzentration, Belastbarkeit*
Salz, Pfeffer aus der Mühle – *Energie*
3 EL frische gehackte Petersilie – *Mut, beruhigt*
1 unbehandelte Zitrone – *Klarheit im Denken und Reden, positive Ausstrahlung*

Die Spiralnudeln nach Packungsangabe kochen, abschütten, in den Topf zurückgeben und mit etwas Öl vermischt (damit sie nicht austrocknen und zusammenkleben) abkühlen lassen.

Die Tomaten waschen und in kleine Stücke schneiden. Mit dem Mais und den Nudeln in eine Salatschüssel geben.

In einer kleineren Schüssel die Sahne mit den gemahlenen Nüssen, den Gewürzen und der Petersilie mit dem Schneebesen gut aufschlagen (wichtig, damit die Sauce eine sämige Konsistenz bekommt). Die Zitrone waschen, gut trocknen und vorsichtig die Schale in die Sauce reiben. Verrühren und mit Zitronensaft abschmecken. Die Sauce zu der Gemüse-Nudel-Mischung geben und mindestens 15 Minuten durchziehen lassen.

Tipps: Dieses Dressing können Sie übrigens auch hervorragend für andere Salate verwenden.

Bevor Sie sich dann Ihrer beruflichen Herausforderung stellen, überprüfen Sie, dass keine Petersilie zwischen den Zähnen hängen blieb – das würde den charmantesten Auftritt beeinträchtigen …

Für Konzentration und wache Aufmerksamkeit:

Das gute alte Studentenfutter

Die Mischung aus Nüssen und Rosinen wurde aus gutem Grund Studentenfutter getauft. Sie unterstützt die Leistungsfähigkeit der eifrig Studierenden aufs beste. Die süßen getrockneten Weinbeeren geben die Sonne, die sie während ihrer Reifezeit getankt haben, als Kraftzufuhr und Stimmungsaufheller an die Esser ab.

Wenn Sie sich oder andere wach, konzentriert und aufnahmefähig halten wollen, tauschen Sie die Chipstüte gegen Studentenfutter und geben Sie Ihrem Team davon ruhig mal eine Runde aus.

Einfach, sehr schmackhaft, gut zum Mitnehmen und für Gäste:

Schnelles Kreativbrot

Kaufen Sie eine beliebige Fertig-Brotbackmischung (außer Vollkorn- oder Mehrkornbrot), und geben Sie zu der Teigmischung zwei in kleine Würfel geschnittene Paprikaschoten (Farbe nach gewünschter Botschaft). Gut durchkneten und nach Packungsangabe backen.

Frischer Wind in Ihr Denkvermögen und gute Laune:

Canarino

Dieser duftende Tee aus hauchdünnen Zitronenschalen ist eine Spezialität aus Italien und wird dort gerne nach einem heißen Tag zur körperlichen und geistigen Erfrischung getrunken.

5 unbehandelte Zitronen – *gute Laune, Erfrischung und Klärung von Gedanken*
1 l kochendes Wasser
Zucker oder Honig nach Geschmack

Die Zitronen ganz dünn schälen und die Schalen dann mit kochendem Wasser überbrühen. 10 Minuten ziehen lassen, aber nicht länger, da der Tee sonst bitter wird. Abseihen und nach Geschmack süßen. Heiß trinken.

Wie wärs mit einer Thermoskanne voll Motivation und Power fürs Büro:

Energietee

Diesen Tee gibt es unter dem Namen »Yogi-Tee« fertig zu kaufen. Die weisen Yogis in Indien führen ein entbehrungsreiches Leben und trinken diesen Gewürztee, um sich damit Tasse für Tasse konzentrierte Lebenskraft zuzuführen. Zu einer echten flüssigen Nascherei wird der Tee durch die Zugabe von Milch. Auch eingefleischte Kaffeetrinker, die bei dem Wort »Kräutertee« angewidert das Gesicht verziehen, trinken davon gern eine zweite oder dritte Tasse. Natürlich können Sie den Energietee auch selbst frisch zubereiten:

250 ml Milch
500 ml Wasser
1 Zimtstange – *Energie, Schutz*
7 Kardamomkapseln – *Energie, Ausgeglichenheit*
5 Nelken – *Vitalisierung*
5 schwarze Pfefferkörner – *Energie*
5 Körner Piment – *Schutz, Energie*
1 daumenlanges Stück frischer Ingwer – *Vitalisierung, Motivation*
Zucker oder Honig nach Geschmack

Milch und Wasser zusammen mit den Gewürzen und dem geschälten, grob zerkleinerten Ingwer in einen Topf geben. Langsam zum Kochen bringen und 10 Minuten köcheln lassen. Abseihen und nach Geschmack süßen.

Die wandelnde Obstschale

Bei Ärger mit Kollegen werden Sie zur wandelnden Obstschale: Trinken Sie zum Frühstück das bereits klassische Glas frisch gepressten Orangensaft, um gutgelaunt in den Tag zu starten und sich ein dickeres Fell zuzulegen. In der Mittagspause gibt es einen Obstsalat aus gelben Äpfeln, Birnen, Orangen und Kiwis oder raffinierte Sandwiches, die mit einem knackigen Salatblatt, Käse und Birnenscheiben oder Geflügelwurst und darauf Apfelschnitze belegt sind. Und abends servieren Sie als Beilage Karottensalat einmal anders und besonders schnell.

Sahniger Karottensalat

Einfach, schnell, auch fürs Büro geeignet

---

4 mittelgroße geraspelte Karotten – *Unbeschwertheit*
1 Becher süße Sahne
Salz, Pfeffer

Die Karotten mit der Sahne mischen und nach Geschmack würzen. Wer will, kann noch ein bisschen Ermutigung in Form von Petersilie darüber streuen.

Für Kreativität und Einfallsreichtum:

Bunte Reis-Inspiration mit Krabben

Gut zum Mitnehmen, auch für Partys

---

200 g Langkornreis
2 feste Tomaten – *Durchsetzungskraft, Energie, Motivation*
1 grüne Paprika – *Ausgeglichenheit, Einfallsreichtum*
1 rote Paprika – *Inspiration, Kraft zur Realisierung*
1 gelbe Paprika – *Kommunikation von Ideen und kommunikationsorientierte Ideen*
1 unbehandelte Zitronenschale – *Klarheit und Struktur im Denken und Reden*
150 g Shrimps (Krabben)
4 EL starke Gemüsebrühe
Balsamicoessig – *Behutsamkeit mit Gefühlen*
Olivenöl – *Energiezufuhr*
Zucker, Senf, Salz, Pfeffer
1 Bund Dill – *geistige Höhenflüge*

Den Reis nach Packungsangabe kochen, abschütten und mit reichlich kaltem Wasser überbrausen. Abtropfen lassen.

Tomaten, Paprika und Zitrone waschen und trocknen. Den Stielansatz aus den Tomaten schneiden, die Paprikaschoten von Stiel, Kernen und Trennwänden befreien. Die Tomaten würfeln, die Paprika in kleine Streifen schneiden. Die Gemüse mit den Krabben und dem Reis vermischen. Die Schale der Zitrone darüber reiben.

Aus Brühe, Essig, Öl, Zucker, Salz, Pfeffer, Senf und dem Saft der Zitrone ein Dressing rühren und über den Reis gießen. Den Dill fein schneiden oder direkt in die Salatschüssel zupfen. Alles gut durchrühren, falls nötig noch nachwürzen und mindestens eine halbe Stunde durchziehen lassen.

EXTRAS AUS DÉSIRÉES ZAUBERWERKSTATT

Brennnessel-Rosmarin-Gomasio

Für Widerstandskraft, Durchhaltevermögen und Vitalität

10 EL getrocknete Brennnesselsamen – *Widerstandskraft, Vitalität, Durchhaltevermögen*
6 EL Sesamsamen – *Energie*
2 EL getrockneter Rosmarin – *Lebenskraft, Lebensfreude*
2 EL Meersalz

Diese aus Asien stammende Würzmischung streut man bei Tisch über Salate und Gemüse und gibt ihnen damit eine ganz besondere Geschmacksnote mit Knuspereffekt.

Die Brennnessel betrachten wir meist nur als lästiges Unkraut und verfluchen sie für ihr heftiges Brennen auf unserer Haut. Dabei stellt sie uns unermüdlich und trotz aller Verachtung eine wahre Schatztruhe an Wirkkräften zur Verfügung. Brennnesseln zeichen sich durch unglaubliche Zähigkeit aus: Sie wachsen unter schlechtesten Bedingungen, breiten sich hartnäckig aus und trotzen Trockenheit, Kälteeinbrüchen und jeder Art von Verstümmelung. Die Fasern der Stengel sind so zäh, dass man früher daraus Kleidungsstücke fertigte. Die Brennnessel zeigt uns also deutlich, dass Widerstandskraft und Lebenskraft als Botschaft in ihr stecken. Überdeutlich bekommen wir eine weitere Hauptsignatur zu spüren: Die Brennhaare auf Blättern und Stengeln weisen auf kraftvolle Schutzenergien sowie auf reinigende und vitalisierende Kräfte hin. Und nicht zuletzt sind da die vielen kleinen Samen, in denen geballte Lebenskraft steckt, die sich auch positiv auf die Zeugungskraft auswirkt.

Wenn im Spätsommer die Brennnesselsamen in langen Rispen herunterhängen, ist Erntezeit. Schützen Sie sich mit Handschuhen, schneiden Sie die obere, reich mit Samen besetzte Hälfte der Brennnesselpflanzen ab und legen Sie sie in einen Korb (keine Plastiktüte!). 20 Pflanzen genügen. An einem dunklen, luftigen Ort legen Sie die Brennnesseln nebeneinander auf Zeitungspapier und lassen sie 14 Tage trocknen. Danach streifen Sie die Rispen mit behandschuhten Händen gegen die Wuchsrichtung vom Stengel (kein Problem, wenn einige Blätter dabei sind, auch sie sind wirkungsvoll), und sieben Sie sie durch ein feines Sieb, so dass Rispen, grobe Blattbestandteile und Blattstengel zurückbleiben.

In einer flachen Pfanne unter ständigem Rütteln die Sesamsamen so lange rösten, bis sie aromatisch duften. Sofort vom Feuer nehmen und abkühlen lassen. Inzwischen den Rosmarin zwischen den Händen möglichst klein in eine Schüssel rebeln.

Nun portionsweise Salz, Brennnesselsamen und Sesam in einen Mörser geben, gut quetschen und verreiben. Zum Schluss den Rosmarin dazugeben und nochmals gut verreiben. Die Würzmischung in ein Schraubglas füllen und dunkel aufbewahren.

Die Herstellung von Gomasio mag vielleicht ein wenig aufwendig sein; für erschöpfte Menschen, Rekonvaleszenten, Menschen mit schweren, an der Lebenskraft zehrenden Krankheiten oder ältere Leute lohnt sich die Mühe aber auf jeden Fall!

Eiskalte Leidenschaft im heißen Bad

Fantasievolle Erotik und pulsierende Streichelhaut

1 Becher süße Sahne
2 Tropfen ätherisches Zimtöl – *energetisierend*
oder ganz luxuriös und effektiv:
5 Tropfen ätherisches Rosenöl – *Liebe, Harmonie*

Die Zutaten mögen nicht besonders aufregend klingen, aber was Sie damit machen, ist unglaublich erregend:

Einen Tag bevor Sie Ihre sinnliche Überraschung geplant haben, frieren Sie einen Becher süße Sahne, so wie er ist, ein.

Schenken Sie Ihrem Partner oder Ihrer Partnerin ein Glas »Strawberry Pearls« ein (siehe Seite 147), und bereiten Sie dann im Badezimmer alles vor: Lassen Sie Badewasser bis zur Hälfte ein und geben Sie das Zimtöl hinein. Wichtig: Wirklich nur 2 Tropfen, sonst brennt es auf der Haut. Wenn Sie mögen, sorgen Sie mit Kerzen für romantische Beleuchtung und streuen Sie Rosenblätter auf die Wasseroberfläche.

Stellen Sie den Becher mit der gefrorenen Sahne griffbereit auf den Rand der Badewanne, und steigen Sie beide ins Wasser. Dann halten Sie den Sahnebecher kurz in das heiße Badewasser, bis sich der Inhalt vom Becher lösen lässt. Nehmen Sie nun den gefrorenen Sahnekegel heraus und streichen damit über alle Körperteile Ihres Gegenübers, die sich im heißen Badewasser befinden, wie wenn Sie sie einseifen wollten. Vorsicht bei den empfindlichsten männlichen Körperteilen – dafür ist die Sahne eventuell doch zu kalt ...

Die Wirkung dieser gegenseitigen Behandlung müssen Sie selbst erlebt haben! Toller Zusatzeffekt: Nach dem Bad ist die Haut unglaublich weich und empfindungsbereit. Nicht so toller Nebeneffekt: Die Handtücher, mit denen Sie sich abtrocknen, müssen danach gewaschen werden.

Flüssige Streicheleinheiten für kleine Herzchen

Zum Wohlfühlen für Kinder

Apfelschalen von 2 unbehandelten Äpfeln
– *in liebevolles Verständnis einhüllend*
1/2 Vanilleschote – *sich geschützt fühlen*
1/2 l Wasser
Honig nach Geschmack

Die Apfelschalen mit der aufgeschlitzten Vanilleschote und dem Wasser kalt aufsetzen. Zum Kochen bringen, einmal aufwallen lassen und dann 15 Minuten leise simmern lassen. Abseihen und nach Geschmack der Kinder mit Honig süßen.

Der Tee schmeckt Kindern eher lauwarm oder auch gekühlt als Sommergetränk.

Amor im Salat

Aphrodisierender Salatessig für Feinschmecker

Wenn Sie weder Zeit noch Lust noch die richtigen Zutaten haben, um ein Liebesgefühle förderndes Gericht zusammenzustellen, können Sie mit diesem Essig auf bequeme Art Ihrer Kochkunst jederzeit schnell einen Schuss Liebesenergien beifügen. Darüber hinaus ist er geschmacklich eine echte Delikatesse und in einer schönen Flasche ein ganz besonderes Präsent.

---

150 g kleine, aromatische Erdbeeren – *Liebe, Sinnlichkeit*
1 Zweig frischer Rosmarin – *erotische Ausstrahlung, liebevolle Gefühle*
1 l feiner Weißweinessig

Die Erdbeeren waschen, vorsichtig trockentupfen, von den Blattrosetten befreien und vierteln. Den Rosmarinzweig in der Mitte durchschneiden. Beides zusammen in ein weites Einmachglas geben, den Essig beifügen und das Glas für 3 Wochen an ein sonniges Fenster stellen. Danach in eine saubere, trockene Flasche abseihen.

Zaubertrank

Füllt die inneren Kraftreserven auf, hilft, Alltagsbelastungen abzustreifen und anderen Menschen verstehend und wohlwollend zu begegnen.

Der Holunder oder Hollerbusch steckt voller Geheimnisse, die die Menschen von altersher für Körper und Seele zu nutzen wussten.

Der Trank aus seinen Beeren ist genau das Richtige nach einem anstrengenden Tag, wenn Sie durch seelische Belastungen und vor allem durch Ärger über Mitmenschen erschöpft sind. Aber auch, wenn Sie sich Sorgen über die Zukunft machen, Existenzängste haben oder über Sinnfragen grübeln, ist der Zauber des Holunders besonders wohltuend.

Auch Kinder plagen oft ernsthafte Sorgen, von denen niemand etwas ahnt. Ob der Streit zwischen Mami und Papi zur Scheidung führt, wie sie den Hänseleien der Mitschüler entgehen können, ob sie wohl nicht mehr geliebt werden, wenn sie in der Schule enttäuschen usw.

Wenn Sie beim folgenden Rezept den Schnaps weglassen, den Wein durch Apfelsaft ersetzen und den fertigen Saft mit Mineralwasser spritzen, schmeckt das Getränk ähnlich wie Coca-Cola, allerdings mit durchaus positiven Nebenwirkungen (wobei natürlich auch hier Zucker drin ist und das Getränk darum in Maßen genossen werden sollte).

---

20 Dolden Holunderbeeren – *bei Sorgen oder Belastungen*
1 Stange Zimt – *energetisiert*
3 Nelken – *energetisiert*
½ l naturreiner Apfelsaft – *verstehen und sich verstanden fühlen*
½ l Rotwein – *konstruktive Auseinandersetzung mit Gefühlen*
Schale einer unbehandelten Zitrone – *gute Laune, innere Klarheit*
150 g Zucker
1 Schnapsglas Obstler oder Rum

Die Holunderbeeren kurz abbrausen und dann mit einer Gabel von den Dolden in einen großen Topf streifen. Zimt, Nelken und Apfelsaft dazugeben und alles bei geschlossenem Deckel zum Kochen bringen. Etwa 20 Minuten kochen lassen, dann den Rotwein, die Zitronenschale und den Zucker dazugeben und weitere 5 Minuten unter Rühren kochen lassen. Den Saft durch ein Sieb (Spitzsieb besonders vorteilhaft) laufen lassen und dabei die Beeren gut auspressen. Den Schnaps unter den fertigen Saft rühren und in eine saubere, trockene Flasche füllen.

Schmeckt auch sehr gut heiß mit Schlagsahnehaube!

Kräutertabak

Für Raucher und Räucher-Fans

Sie können die energetischen Botschaften von Pflanzen nicht nur essen und trinken, sondern auch rauchen. Kräutertabak ist für Raucher eine echte Alternative für zwischendurch. Und wenn Sie Ihren Tabak dazu noch aus Heilkräutern für die Atemwege mischen, tun Sie Ihren Lungen sogar etwas Gutes. Früher gab es dieso genannten Asthmazigaretten, die ebenfalls bestimmte Heilkräuter enthielten, in der Apotheke zu kaufen.

Weitere Vorteile: Der Rauchgenuss kostet Sie fast nichts, Ihre Räume riechen nicht unangenehm nach kaltem Zigarettenqualm, und die Geruchs- und Gesundheitsbelästigung für anwesende Nichtraucher ist so gut wie kein Thema. Außerdem räuchern Sie auch noch Ihre Umgebung mit positiven Schwingungen.

Kräuter, wie zum Beispiel Huflattichblätter, Brombeerblätter, Oregano, Salbei, Rosmarin, trocknen, dann klein zerbröseln, mischen und in einer gut verschließbaren Teedose aufbewahren.

Bei häufigerem Gebrauch kaufen Sie sich eine Drehmaschine und vorgefertigte Zigarettenhülsen, oder drehen Sie die Zigaretten von Hand, was allerdings bei dem sehr trockenen Kräutertabak nicht so gut geht. Wer auch die Giftstoffe in Papier und Filter meiden möchte, kauft sich eine schöne Pfeife, die man mit Kräutern auch auf Lunge rauchen kann.

GEMÜSE-, OBST- UND KRÄUTERSORTEN UND IHRE WIRKUNG

Gemüsesorte	psychische Wirkung
Erbse	Antistressmittel, Ausgeglichenheit für Kinder, Geisteskraft für Senioren, stützt weibliche Karrierekraft
Gurke	Stärkt Aktivität und Tatkraft, schützt gleichzeitig vor Übereifer oder »Über-das-Ziel-Hinausschießen«
Karotte	Schenkt unbeschwert-fröhliche Energien, für weibliches Selbstwertgefühl, gegen männliche Leistungsneurose beim Sex, steigert Lust und Fruchtbarkeit
Kartoffel	Für Realitätsflüchtlinge und Träumer, unterstützt Eingewöhnung in neuen Lebensraum, vitalisiert
Knoblauch	Schützt vor Energieräubern und negativen Einflüssen, hilft gegen fixe Ideen, unterstützt persönliche Abgrenzung, triebfördernd
Kopfsalat	Für Alltagsstress, hilft Haltung zu bewahren, für schnellere Handlungsfähigkeit bei schockähnlichen Stresszuständen
Kürbis	Schenkt mütterliche Geborgenheit und Trost, hellt die Stimmung auf, gibt seelische Streicheleinheiten
Mais	Für alle Lern- und Prüfungssituationen, für Redegewandtheit und Kommunikation, hilft, sich von negativen Mustern zu lösen, steigert Lust- und Empfängnisbereitschaft
Olive	Hilft, trotz schwerer Belastung nicht aufzugeben, stärkt Lebensmut und Mut zur Verarbeitung von Krisen, thematisiert Leben und Tod, Abschied und Neubeginn
Paprika	Regt Lust und Liebe an, schenkt lebensbejahende Energien, hilft, Raum für positive Veränderungen und Neues zu schaffen, für Kreativität, gibt Kraft für das Erreichen von Zielen
Tomate	Für Liebe und Leidenschaft, stärkt Willenskraft, Engagement und Selbstwertgefühl, motiviert und aktiviert
Zwiebel	Bringt stockende, festgefahrene Situationen wieder in Fluss, »entgiftet« Gedanken und stärkt die Intuition, weckt die Triebe

physische Wirkung

Gibt Nervenkraft, stärkt Immunsystem, für Muskeln und Bindegewebe, senkt den Cholesterinspiegel, verdauungsfördernd

Stärkt Immunsystem, Herz, Kreislauf, Schleimhäute, Sehvermögen, männliche Zeugungskraft, für schöne Haut, Haare und Nägel, verjüngend

Allgemein für kraftvolle Körperfunktionen, aktiviert Stoffwechsel, Wachstum, Knochenaufbau, Muskel- und Herztätigkeit, Verdauung

Stärkt Gehirn, Konzentration und Immunsystem, aktiviert Hormonproduktion, Wachstum, Zellatmung und Blutbildung, für Haut, Haare und Nägel, stärkt Herz, Bindegewebe und Muskeln, potenzsteigernd

Hilft bei Durchblutungsstörungen, Venenleiden und Migräne, kräftigt Herz, Kreislauf, Schleimhäute, Sexualkraft und Immunsystem, verbessert die Konzentration

Verjüngend, zellschützend, immunstärkend, entwässernd, für Haut, Haare und Nägel, Blutbildung, Zellwachstum, Hormonbildung, Knochen und Bindegewebe

Obstsorte	psychische Wirkung
Apfel	Hilft, mit dem Herzen zu sehen, erleichtert Beichten und Entschuldigungen, gibt Frauen eine urweibliche, alles verstehende Ausstrahlung
Birne	Stärkt Diplomatie und Einfühlungsvermögen, fördert heilsame Tränen
Brombeere	Bei aktuellen und alten Kränkungen und seelischen Verletzungen, für die Beschäftigung mit inneren Vorgängen, gibt Lebenskraft, hilft sich abzugrenzen
Erdbeere	Stärkt Erotik und Liebe, hilft Kindern, sich angenommen und geliebt zu fühlen, erleichtert Selbstakzeptanz und Leben von Homosexualität
Kirsche	Weckt den erotischen Spieltrieb, macht gesellig, gibt Kindern Kontaktfreude
Kiwi	Für aufbrausende und überschwengliche Temperamente, vitalisiert, unterstützt Gelassenheit, stärkt inneren Selbstschutz
Orange	Schenkt ein »dickeres Fell«, gute Laune, gibt Optimismus in schweren Zeiten
Pflaume	Fördert Einfühlungsvermögen, Diplomatie und Kommunikationsfähigkeit, stärkt die Fähigkeit zuzuhören
Walnuss	Stärkt Verstand und Konzentration, hilft extremen Kopfarbeitern, den »Bodenkontakt« nicht zu verlieren, beruhigt, vitalisiert, unterstützt Körperbewusstsein
Weintraube	Schenkt Gefühlstiefe, für Seelenarbeit, bei Verarbeitung von Verlusten, für Teilnahme an Selbsthilfegruppen
Zitrone	Hellt die Stimmung auf, reinigt und erfrischt Gedanken, gibt positive Ausstrahlung, fördert Kommunikationsfähigkeit und Ausdrucksklarheit, hilft, wenn man sich »schmutzig« fühlt

Kräutersorte	
Basilikum	Beruhigt, lässt Dinge von einer neuen Perspektive aus betrachten, unterstützt das Finden von Lösungen, stärkt die Intuition
Dill	Unbeschwertere Sicht auf die Dinge, für Kopfarbeiter, macht schüchterne, verkrampfte Kinder locker, gegen kindliche Albträume
Petersilie	Mut bei Herausforderungen, Klarheit und Entschlusskraft, innere Stabilität und Kraft
Rosmarin	Schwung und Lebenslust für Ältere, hilft, sich zu erinnern, schenkt Lebenslust und Blick für das Schöne und Gute, erhöht erotische Ausstrahlung und Sinnlichkeit
Salbei	Hält den Geist klar und beweglich, erlaubt Erkennen größerer Zusammenhänge, bringt Struktur in die Gedanken, Mitgefühl für Nöte anderer, bei Generationskonflikten, für den Übergang in die zweite Lebenshälfte, gibt Lebenskraft
Schnittlauch	Verbindet Intuition mit Verstand, für heilende Berufe, verbindet Spiritualität mit Realitätssinn

physische Wirkung
Entzündungshemmend für Schleimhäute, verjüngend, aktiviert Drüsentätigkeit, immunisiert, entgiftet, reguliert die Verdauung
Immunstärkend, libidofördernd, darmentgiftend, nährt Nerven und Gehirn, blutbildend, blutdrucksenkend
Wachstumsfördernd, stärkt Nerven, Gehirn, Herz und Kreislauf
Entwässert, für Knochenbildung und Muskelaufbau, immunstärkend, aktiviert Drüsen, Blutbildung und Zellstoffwechsel, für Haut, Haare und Nägel
Stärkt Nerven und Gehirn, aktiviert Herz- und Muskeltätigkeit, regt Blutbildung und Verdauung an, stärkt die Sehkraft
Antidepressiv, lindert Nervosität, entgiftend, aktiviert Herz und Kreislauf, reinigt Nieren und Harnwege
Immunstärkend, regt die Magensäureproduktion an, beruhigt, baut Zähne und Knochen auf
Beruhigt und stärkt die Nerven, schlaffördernd, für Magen und Darm
Stärkt Nerven und Gehirn, beruhigt, regt Herz- und Muskeltätigkeit an, für Knochen und Zähne, blutdrucksenkend
Für die Atemorgane, entkrampft, vitalisiert, magenberuhigend, keimtötend
Aktiviert Nerven- und Gehirnleistung, vitalisiert, regt Herz und Kreislauf an
Schmerz- und entzündungshemmend, antiseptisch, antibiotisch, antimykotisch, immunstärkend, stärkt Nerven, Herz und Gehirn, schweißhemmend
Vitalisiert, antibiotisch, immunisiert, kurbelt Stoffwechsel und Verdauung an

SIGNATUREN UND IHRE BEDEUTUNG

Runde Form

Längliche Form

Herzförmig

Geschwungen, wellenförmig

Rot

Grün

Blau

Gelb

Orange

Braun

Schwarz

Weiß

Verschiedene Farbe innen und außen

Süß

Sauer

Bitter

Scharf

Milder bis neutraler Geschmack

Stachlig, dornig, brennend

Pelzig, haarig, filzig

Harte oder dicke Schale

Intensiv duftend

Hohler Stengel

Immergrün

Nadelartige Blätter

Hohe Überlebenskraft bei Trockenheit, Beschädigung oder kargem Boden

Weiße Blüten, schwarze Früchte

Fruchttragend im Winter

Viele Samen bildend

Sich extrem stark vermehrend

Verzehrter Pflanzenteil unterirdisch wachsend

Auffallend saftig

Weibliches Prinzip, Schutz und Geborgenheit, stärkt Intuition und Gefühlswelt, stressabbauend
Männliches Prinzip, macht aktiv, extrovertiert, tatkräftig, regt Verstand und Potenz an
Verbindung von männlichem und weiblichem Prinzip, Harmonisierung, Ausgeglichenheit
Erhöhte Energiezufuhr
Stärkt Liebe, Zuneigung, Leidenschaft, Willen, Tatkraft, Engagement und Selbstbewusstsein
Bringt in die eigene Mitte, stabilisiert und entspannt, vermittelt Zufriedenheit und Wohlgefühl
Beruhigt, entspannt, besänftigt, fördert Gefühlstiefe
Unterstützt Kommunikation, bringt gute Laune, positive Ausstrahlung, wirkt öffnend, hilft, negative Gedankenmuster loszulassen
Hebt Lebenslust und Fröhlichkeit, gegen Depressionen und Ängste, stärkt Optimismus, Toleranz und Weltoffenheit
Erdkraft, vitalisiert, stärkt Realitätssinn und Körperbewusstsein
Abkehr von der Umwelt, Innenschau, Verarbeitung von Erlebnissen und Gefühlen, unterstützt die ungefilterte Öffnung für Einflüsse aller Art
Reinheit, Neutralität, Reflexion, Intuition, Unterbewusstsein
Schalenfarbe = Wirkung nach außen, Fruchtfleischfarbe = Wirkung auf die eigene Psyche
Harmonisiert, stellt inneres Gleichgewicht wieder her, hilft Stress besser zu bewältigen beziehungsweise abzubauen, hebt körperliches und geistiges Leistungsvermögen, hellt die Stimmung auf
Warnende Funktion: signalisiert Zurückhaltung und Vorsicht
Hilft, sich zusammenzunehmen und in Schocksituationen die Fassung nicht zu verlieren.
Fördert Sexualkraft und Libido, macht »Feuer unterm Hintern«, Körper, Geist und Seele reinigend
Harmonisiert, unterstützt die anderen Wirkkomponenten
Reinigend, schützend, hilft sich abzugrenzen und zu wehren
Schützend
Schützend
Beruhigt, stärkt die Nerven
Stärkt Verbindung zwischen Herz und Verstand beziehungsweise Intuition und Realitätssinn
Ausdauer, Lebenskraft
Ausdauer
Widerstandskraft, starke Lebenskraft, Ausdauer
Verjüngend, Lebenskraft, Lebensmut
Lebenskraft, Lebensmut
Fruchtbarkeitssteigernd
Fruchtbarkeitssteigernd
Erdkräfte, vitalisierend, Erdverbundenheit
Verjüngend, Überschwang kühlend, energetisierend

Was Sie unbedingt noch wissen sollten:

ZAUBERN MIT ZAUBERHAFTER EINSTELLUNG

Ich habe eine gute Nachricht für Sie: Auch, was das Übertragen von feinstofflichen Informationen angeht, sind Sie einer Gurke überlegen.

In Ihrer Zauberwerkstatt Küche sind Sie nicht einfach nur der Koordinator, der um die magischen Eigenschaften von Nahrungsmitteln weiß und sie klug zusammenstellt. Sie gehören selbst zum magischen Inventar! Als lebendiger Organismus strahlen Ihre Zellen natürlich auch Informationen über Biophotonen ab. Aber darüber hinaus haben Sie als Mensch eine unglaublich kraftvolle und umfassende Möglichkeit, feinstoffliche Informationen zu übermitteln: Ihre Gedanken. Auch die Gedanken sind energetische Schwingungen, die ausgestrahlt und übertragen werden können – für die heutige Wissenschaft ist dies schon lange kein übersinnliches Phänomen mehr, sondern ein grundlegendes Faktum.

Im Gegensatz zu einer Frucht oder einem Gemüse, deren Informationen auf ein oder einige wenige Themen begrenzt und festgelegt sind, kann der Mensch seinen gedanklichen Informationsinhalt frei wählen. Stellen Sie sich vor, Sie lernen auf einem Fest jemand kennen. In dem Moment, in dem Ihrer beider Hände ineinander liegen und Sie sich zur Begrüßung in die Augen sehen, zwingt Sie niemand, hocherfreut »Was für ein sympathischer Mensch!« zu denken. Es steht Ihnen völlig frei, Gedanken zu formen wie »Eingebildeter Lackaffe«, »Die interessiert mich!«, »unmögliches Kleid«, »Was für ein Ekel« oder einfach »Aha«. Und genauso wählen und bestimmen Sie zu jedem Menschen, jedem Gegenstand und jedem Thema, das in irgendeiner Weise Ihr Leben berührt, Ihre Gedanken. Sie haben also nicht nur Millionen verschiedener Informationen, die Sie via Gedankenkraft aussenden, Sie können sie auch im Gegensatz zu einer Salatgurke beliebig verändern: Die Gedanken, die Sie vor einem Jahr zur Umweltpolitik gehabt haben, können heute ganz anders sein. Und die liebevollen Gedanken an einen Menschen von heute sind vielleicht morgen in das genaue Gegenteil verkehrt.

Die Energie von Gedanken ist sehr machtvoll und ganz real spürbar. Gehen wir noch einmal zu unserem Beispiel der Situation des Kennenlernens zurück. Bestimmt haben Sie schon selbst einmal erlebt, dass Sie mit einem Lächeln und einem Satz wie »Freut mich sehr, Sie kennen zu lernen« begrüßt wurden, während aber innerlich bei Ihnen die Botschaft ankam: »Ich mag dich nicht.« In der Psychologie spricht man vom »Subtext« oder der »intendierten Information«, und es bedeutet nichts anderes, als dass Sie neben der »offiziellen« Kommunikation die Botschaft aufgefangen haben, die die Gedankenschwingung Ihres Gegenübers ausgestrahlt hat.

Haben Sie schon einmal aus einem wortlosen Blick deutlich ein »Ich liebe dich« herausgehört? Auch das war eine Information, die feinstofflich über Gedankenenergie gesendet wurde. Ihr Gegenüber hatte genau in diesem Augenblick intensive liebevolle Gedanken an Sie. Nur wenn der »Sender« konzentriert eine bestimmte Energie ausstrahlt, kommt bei Ihnen auch etwas an. Denkt Ihr Partner an die Hausfassade, die dringend neu gestrichen werden müsste, kann er Ihnen noch so tief in die Augen sehen und zärtlich Ihre Hand streicheln – Sie empfangen innerlich garantiert keine Liebeserklärung.

Genauso funktioniert Gedankenkraft auch beim Kochen. Neben all den Pflanzenbotschaften, die Sie gezielt zusammenrühren, tropft unweigerlich die Qualität Ihrer Gedankenenergie ins Essen. Egal, ob Sie nur eine schnelle Suppe machen oder ein fünfgängiges Gourmetmenü – die Stimmung und die Einstellung, mit der Sie gekocht haben, kann man »schmecken«! Mahlzeiten, die in freudiger, glücklicher oder liebevoller Stimmung gekocht wurden, werden von den Essern generell als schmackhafter und bekömmlicher empfunden als genau das gleiche Gericht, das aber mit neutralen Gefühlen oder in negativer Stimmung wie Wut oder Traurigkeit zubereitet wurde.

Haben Sie sich einmal überlegt, woher das Phänomen der »magischen« Rezepte unserer Großmütter rührt? Ich kenne – mich selbst eingeschlossen – mindestens zwei Dutzend Leute, die ein ganz bestimmtes Gericht haben, das ihre Oma besonders gut kochte. Bei meinem Schwager zum Beispiel sind es die berühmten Königsberger Klopse. Er schwärmte oft und viel von dem Lieblingsessen seiner Kindheit und wie gerne er mal wieder solche Klopse essen würde. Beruflich viel unterwegs, klappert er seit Jahren in allen Ecken Deutschlands Restaurants und urige Gasthäuser danach ab. Er hat schon unzählige Male wirklich gute Königsberger Klopse serviert bekommen, aber so wie bei der Oma schmeckten sie einfach nicht. Seine Oma musste ein besonderes Rezept mit irgendeiner Geheimzutat haben. Daher bat er seine Großmutter so lange, bis sie ihm das Rezept genau aufschrieb und versicherte, dass sie es bis zur letzten Kaper immer ganz genau so gemacht habe. Er bereitete sich also die Klopse sorgfältig selbst danach zu und kostete gespannt. Sie waren wirklich gut – aber nicht wie bei der Oma. Was fehlte? Es fehlte die besondere Energie seiner Großmutter, ihre einzigartige Mischung aus Liebe und Zuwendung für den Enkel.

Haben Sie es selbst schon einmal erlebt, dass Ihnen eines Ihrer Lieblingsgerichte bei Ihnen zu Hause – von den Eltern oder dem Partner gekocht – aus unerfindlichen Gründen nicht so gut geschmeckt hat wie sonst? Wenn Ihnen dies das nächste Mal passiert, fragen Sie ruhig genauer nach, ob vor oder bei der Zubereitung irgendetwas Besonderes vorgefallen ist, ein Streit, besonderer Stress, eine schlechte Nachricht oder Ähnliches. Sie werden garantiert auf ein solches die Gedanken des Kochs oder der Köchin negativ stimmendes Ereignis stoßen.

Wenn man also die Qualität der Gedankenenergien schmecken kann, welchen Geschmack haben sie dann? Schmecken positive Energien süß und negative bitter? Natürlich möchte ich Ihnen nicht weismachen, dass Energien nach etwas schmecken. Aber sie haben Einfluss auf unser Geschmackserlebnis und unser Wohlbefinden. Positive Energien verstärken die Lebensenergie. Jeder kennt das: Wenn Sie glücklich, erfolgreich, gut gelaunt oder gar verliebt sind, haben Sie viel mehr Energie, Kraft, Durchhaltevermögen und Leistungsfähigkeit. Alle Sinne sind wacher, und Sie fühlen sich viel lebendiger!

Führen Sie sich positive Energie zu, vitalisiert das sämtliche Körperfunktionen. Dazu gehört natürlich auch, dass die Wahrnehmungsfähigkeit Ihrer Sinne und eben auch der Geschmackssinn erhöht wird. Sie erleben Geschmack und Aromen der Mahlzeit deutlich intensiver. Außerdem führt positive Energie zu seelischem Wohlbefinden. Sie fühlen sich gut und genießen darum Ihr Essen entsprechend mehr.

Negative Energien, die aus Zorn, Trauer, Angst und Ärger entstehen, dämpfen unsere Lebensenergie: Wie ein schwerer dunkler Mantel legen sie sich auf unser gesamtes Sein. Unser Organismus wird an empfindlichen Stellen blockiert und gestört. Wir haben zu nichts Lust, sind unkonzentriert und leistungsschwächer. Unsere Sinne, so auch unser Geschmackssinn, scheinen sich regelrecht nach innen gekehrt zu haben, und wir nehmen äußere Reize nur noch wie durch eine Watteschicht wahr. Das großartigste Essen schmeckt nicht, und wir haben auch gar keinen Spaß daran.

Je besser Sie beim Kochen gelaunt sind, je mehr Freude Sie an der Zubereitung haben und liebevoller Sie in Gedanken an etwas oder jemanden kochen, desto mehr unterstützende Lebensenergie geben Sie weiter. Und weil Liebesenergie sprichwörtlich durch den Magen geht, schmeckt es auch besser. Natürlich lassen die Verpflichtungen und Herausforderungen des Alltags nicht immer Raum für rosarote Küchenlaune, aber wenn Sie gezielt ein wirkkräftiges Dinner zubereiten wollen, sollten Sie darauf achten. Hören Sie in der Küche Ihre liebste Musik, ziehen Sie eine total verrückte Schürze an, die Sie nur für diesen Zweck besorgt haben, oder gießen Sie sich ein Glas Wein ein und prosten Sie erst mal sich selbst zu. Denken Sie daran, was Sie mit Ihrem Essen bewirken wollen und wie schön es ist, dass Sie diese Möglichkeit des Helfens haben. Rühren Sie all Ihre guten Wünsche, Ihren Trost, Ihren Mut, Willen, Tapferkeit, Liebe oder was es sonst noch alles bedarf, in den Topf. All diese positive Energie wird die Wirkung, die Sie erzielen wollen, auf ganz natürliche Weise verstärken.

Und noch etwas: Gifte wie Herbizide und Pestizide sind lebensfeindlich und damit der positiven Energie entgegengesetzt. Die logische Schlussfolgerung daraus lautet, dass gespritztes und künstlich behandeltes Obst und Gemüse weniger beziehungsweise schwächere Informationen abgibt als unbehandelte Pflanzen. Tatsächlich hat die Forschung ergeben, dass biologisch angebaute Tomaten 40-mal soviel Licht (Lebensenergie) abstrahlen wie behandelte Tomaten aus Hydrokulturen.

Für Ihre Küchenhexerei bedeutet das im Klartext, dass Sie mit biologisch angebauten Feldfrüchten eine 40-mal stärkere Wirkung erzielen als mit dem normalen Supermarktangebot. Hier sollten Sie auch darauf achten, »magische« Gerichte nicht in der Mikrowelle zu wärmen: Die Mikrowellen zerstören beziehungsweise verändern die enthaltenen Energiestrukturen.

Eine andere Gefahr liegt in der Genmanipulation. Durch Genmanipulation wird das Informationszentrum der Pflanzenzellen verändert. Weder Sie noch ich noch die Wissenschaftler in ihren Laboren wissen in Zukunft, welche Informationen wir mit dem nächsten Tomatensalat in uns aufnehmen!

Ähnlich verhält es sich mit Fleisch und Tierprodukten. Da wächst in einem Maststall ein Schwein heran. Sein Futter besteht größtenteils aus Antibiotika, chemischen Zusätzen und Tiermehl. Die Zellen des Schweins bekommen also fast keine lebendigen Energien zugeführt, dafür aber Informationen für unnatürliches Wachstum und Gewichtszunahme.

Ohne jegliches Sonnenlicht in dem Stall können die Zellen keine vitalisierenden, gesundheitsfördernden Informationen bekommen (auch darum brauchen diese Tiere so viele Medikamente, um wenigstens die kurze Dauer bis zu ihrem Schlachttermin lebend zu überstehen).

Im Dunkeln, in quälender Enge und unter mehr als unnatürlichen Bedingungen erlebt das Schwein keinerlei positive Lebensenergien. Der vitalisierende Energiewert dieses Tieres als Nahrungsmittel ist entsprechend niedrig. Außerdem: Auch Tiere empfinden so etwas wie Lebensfreude oder Lebensqual, was als Energieschwingung in den Zellen gespeichert wird und von uns mitgegessen wird.

Wenn das Schwein dann als Kotelett auf unserem Teller landet, ist nicht nur der Lebensenergiewert jedes Bissens verschwindend gering. Wir schlucken neben einer Menge Chemikalien Informationen zu Gewichtszunahme, Leid und gestörten Körperfunktionen. Nicht gerade appetitanregend, aber im Grunde nur fair: Würden Sie auf die Idee kommen, dass ein Freund Ihnen Hilfe leistet, wenn Sie ihn vorher verprügelt und missbraucht haben? Wohl kaum. Warum sollte uns ein Tier dann unterstützend und helfend als Nahrung dienen, wenn wir es vorher nach allen Regeln der menschlichen Kunst gequält haben?

Wenn Sie für Ihre Küchenzaubereien Fleisch oder Eier verwenden, sollten Sie auf artgerechte Haltung achten. Nicht nur, dass Sie die gewünschte Wirkung Ihrer Kochkünste deutlich verstärken, Sie vermeiden auch einen gegenteiligen Effekt. Wenn Sie zum Beispiel mit dem Kennenlern-Huhn von Seite 144 einen sehr romantischen, leidenschaftlichen Abend gestalten wollen, kann Ihnen ein Huhn aus der Massentierhaltung ins Zauberhandwerk pfuschen: All die würzigen Gemüse und Kräuter versuchen, den oder die Angebetete/n in wohlige, liebevolle Stimmung zu versetzen, und dann verbreitet dieses arme Federvieh seine dumpfen Leidenergien ... das ist, als hätten Sie zwei Pferde in entgegengesetzter Richtung vor den Karren gespannt und sich dann wundern, dass es nicht vorwärtsgeht. Im schlimmsten Fall ist dies das erste Mal, dass Sie ein Rezept aus diesem Buch ausprobieren, halten dann alles für Humbug und lassen sich all die Möglichkeiten der Küchenzauberei weiter entgehen. Im weniger tragischen Fall hätten Sie sich lediglich die ganze Mühe in der Küche sparen können und wären lieber nett essen gegangen ...

Zusammengefasst: Gute Gedanken und natürliche Nahrungsmittel geben Ihrem Zauberrezept richtig Power!

LITERATURNACHWEIS

Münzing-Ruef, Ingeborg: Kursbuch gesunde Ernährung, München 2000

Selius, Christine und Lentz, Christiane: Stoffwechselerkrankungen natürlich behandeln mit Biostoffen, München 1997

Zittlau, Jörg: Natürlich heilen mit Salbei, München 1999

Kreipel, Gertrude: Hausgemachte Fruchtsäfte, Liköre & Weine, Klosterneuburg

Amann, Max: Heilkräuterkunde und Phytotherapie, München 1989

Thinnes, Inge: Hexenkraut und Zaubertrank, Greifenberg 1996

Grimm, Hans-Ulrich: Die Suppe lügt, München 1999

Grimm, Hans-Ulrich: Der Bio-Bluff, Stuttgart 1999

Grimm, Hans-Ulrich: Aus Teufels Topf, Stuttgart 1999

Tompkins, Peter: Das geheime Leben der Natur, München 1998

Fischer-Rizzi, Susanne: Blätter von Bäumen, München 1980

König, Katharina: Rund um den Kürbis, München 1999

Frohn, Birgit: Natürlich heilen mit Olivenöl, Augsburg 1998

Narby, Jeremy: Die kosmische Schlange, Stuttgart 2001

Storl, Wolf-Dieter: Von Heilkräutern und Pflanzengottheiten, Braunschweig 1993

Seligmann, Siegfried: Die magischen Heil- und Schutzmittel aus der belebten Natur, Berlin 1996

Stelzl, Diethard: Warum wir rote Äpfel lieben, München 1999

Sheldrake, Rupert: Das Gedächtnis der Natur, München 1988

Rifkin, Jeremy: Das biotechnische Zeitalter, München 1998

Asimov, Isaac: Die exakten Geheimnisse unserer Welt, München 1993

Oberbeil, Klaus und Lentz, Christiane: Obst und Gemüse als Medizin, München 1998

Berger, Judith: Das magische Kräuterjahr, München 2000

VERZEICHNIS DER BEHANDELTEN GEMÜSE, FRÜCHTE UND KRÄUTER

REZEPTVERZEICHNIS

Familie

Liebe und Leidenschaft

Beruf und Karriere

Extras aus Désirées Zauberwerkstatt

INDIKATIONSVERZEICHNIS

ZUR AUTORIN

Désirée Wüschner, Mag. phil., geboren 1964, studierte in Konstanz Literaturwissenschaft, Philosophie und Politik. Ausbildung in Persönlichkeitstraining und Phytotherapie (moderne Heilpflanzenkunde). Sie beschäftigt sich seit über zehn Jahren intensiv mit dem Zauber der Pflanzen und hat sich dabei auf die seelisch-geistige Wirkung spezialisiert. Die »grüne Magie« ist auch begleitender Bestandteil ihrer Seminare für Persönlichkeitsentwicklung und Krisenbewältigung.